はしがき

本書は安岡先生の学生時代から青年時代にわたる随筆・論説集である。前編は一高・東大時代から卒業（大正十一年）後の数年間に、帝大の機関誌『帝国文学』、三宅雪嶺主幹の『日本及日本人』、東洋協会の『東洋』などに寄稿された最も若き日の作品であり（例外として、「新時代の創造」は『東洋思想研究』第一冊より）、後編は昭和元年金雞《きんけい》学院創立以来、その『東洋思想研究』誌上に発表されたものである（例外として、「玉壺氷心」は『金雞文藪』第二十三号、「江口香邨」は『新自治』昭和二十一年七月号より）。

過日、黎明書房の高田社長が上京され、このたび二十六年ぶりに題を改め、装を新たにして本書を再版したいといふお話であった。聞くところによれば、最近青年の間に熱心に〝安岡学〟を求める人々が増えてゐるといふ。本書の前

編はすべて安岡先生が一高時代から二十歳代にかけての作品で、若き日の先生の抱負と情熱をうかがふに恰好《かっこう》の資料たることを確信する。

「あとがき」にもあるやうに、今は亡き力富阡蔵先生は若き日から安岡先生に傾倒し、生涯を貫いて切々たる乳慕の情をいだきつづけた畏敬すべき先達であった。また本書の刊行にあたり資料の蒐集《しゅうしゅう》に協力された亀井一雄、菅原茂次郎、藤澤朝世の諸先輩もすでに亡い。何事につけても縁を重んぜられた安岡先生の御心を忖度《そんたく》し、わたくしども両人が本書の企画・編集に参画した道縁を想ふにつけても、その任にあらずとは知りながら、枉《ま》げて人情にしたがって蕪辞《ぶじ》をしたためさせていただいた次第である。

昭和六十二年二月

林　繁之
山口勝朗

東洋の心・目次

前編　一高・東大時代から卒業後数年間の文章

東洋文化に対する自覚……九

一　新時代の創造……九

二　東洋的自覚……一三

秋夜独語……三七

方外の交……五二

閑人不閑……六五

齊《せい》東《とう》野《や》語《ご》……七六
悲《ひ》哉《さい》行《こう》……八〇
鄭《てい》板橋《はんきょう》と竹石……八五
老荘思想と現代……九六
蘇《そ》東《とう》坡《ば》との縁……一〇八
白楽天の詩……一一八
司馬光の迂《う》書……一五〇
西本白川の『康熙《こうき》大帝』……一六七
曽国藩《そうこくはん》の日記……一七三
黄宗羲《こうそうぎ》の政治教育論……一九一

後　編　昭和元年、金雞学院創設から昭和二十一年までの文章

春日潜庵語録……二〇三
一　言　芳　談……二一四
神保蘭室詩集……二二七
中西淡淵と細井平洲……二四二
南村梅軒と吉良宣経……二五五
薛敬軒《せっけいけん》の従政名言……二六七
招　睡　録　ねむりぐさ……二七九
玉　壺　氷　心……二八七
東　海　の　三　老……二九二
一　田　村　鐵梅《てつばい》……二九二

二　池谷観海……三〇一
三　江口香邨……三〇七
同学覚えがき……三一四
学問の真諦……三二四
死について……三三六

前編

一高・東大時代から卒業後数年間の文章

東洋文化に対する自覚

一　新時代の創造

新しき根柢に立つ人格活動

人々は常に西洋思想と東洋思想とをさも黒白の相反するがごとく対立せしめてをる。けれども私はそんな考へが実際において頗《すこぶ》る空虚な観念に過ぎないことを断言せざるをえない。幼少から東洋の古典を讀《よ》ませられ、中頃疑惑を抱いて西洋の思想史に沈潜してきた私は、東洋思想といひ、西洋思想といふも、要するに等しく人間の思想であるといふことを深く考へぬわけにいかなかった。そして何人もこの平等観に根を下さねば、決して真に西洋思想と東洋思想との差別観を懐《いだ》けるものではないことを信ずる。

若《も》し現在の欧化思想家が私の研究提唱を、単に西洋思想に對《たい》して東洋思想の旗幟《きし》を押したてくるものといふならば、かへって私は答へる。否、私は卿等《けいら》の思想を更に深く究盡《きゅうじん》しよ

うとする者であると。同様にいはゆる國粋主義者が、君は感心にも我が國粋思想を発揮せんとするのかと喜ぶならば、やはり私は答へる。否、私は卿等に同ずるものではない。むしろ卿等の深い反省を促さうと欲するものであると。

しからば或る人は問ふであらう。君は両者を調和するつもりなのかと。しかしそれは私にとってなほさら悪い推量である。

私の期するところはひとへに現実の直視である。現実の直視によって、もはや浮薄な観念の遊戯をゆるさず、低級な心情の怠惰をも仮借するところなき、創造の白熱に輝く全人格的努力をもって絶対の風光―人格の自由荘厳を実現することである。私は現代にあって他の何ものにも附加し、補綴《ほてつ》しようといふのではない。少くとも私は他と全然新たなる根柢に立つものである。そも〱精神生活は、東西の哲人が常に喝破《かっぱ》せるごとく、物や観念への単なる附加によって成るものではない。必ず日々に維《こ》れ新たなる全人格的創造力に待たなければならぬ。

かく希ふところはひとへに人としての第一義に徹するにあるとして、しからばかかる相対を打破した絶対普遍の理想―要求はいかにして単なる空想にとどまらずして真にこれを體現《たいげん》

することができるか。

それは必ず一つの道を択ぶことによって達せられる。特殊相を通ずることによって永遠の相に参ずることができる。ストイックはアパシー（註一）を求め、エピキュリアンはアタラキシィー（註二）を求める。儒者は静坐を習ひ、沙門《しゃもん》は禅定を修める。剣と禅とみな特殊を通じて渾然、道に中《あた》る。

すなはち私は従来みづから主として幽潜し来った東洋思想を通じて第一義に徹せんと思ふのである。いはゆる世界精神を體得せんと志すのである。最も深き意味におけるところの人間信仰（Menschen-glaube）に到らんとするのである。

決して東洋思想を浅薄な意味において舁《かつ》ぐ者ではない。それは先人を冒瀆《ぼうとく》し後生を愚弄する、あまりに恐ろしき罪悪である。

註一　Apathy アパシィーはストア學派の理想で、不動心を意味する。一切の煩悩を排脱して、もはや何ものにも煩はされぬ状態をいふ。

註二　Ataraxy アタラキシィーはエピクロス學派の理想で、心の乱れぬ意味である。湛然として虚静なる心の状態をいふ。

被教育者の回想

私は幼少の頃から四書五經を教へられ、日本外史や十八史略を讀まされた。それは今日我我青年やそれ以下の子弟にとって、全く眞實《しんじつ》とは思はれぬほど時代錯誤的な事實かも知れないが、少くとも私はその時代錯誤的な教育を受けた。そしてまた、かたはら尋常小學校にも通うた。今にしてこれを回想すれば、もとよりかかる教育がどれほどの知的効果を柔い頭に與《あた》へえたかは、とりたてて論ずる要もない。だがしかしながら子供心に我が前に姿を正して厳かに教へる師父に對し、盲目的な恐怖ではなく、何となく尊敬の念を禁じえぬ一種の人格的壓迫《あっぱく》を感じながら、やはり姿を正して、何かしら大變《たいへん》に貴いものを讀むかのごとく古書の文字を記誦した幼い姿が限りなく懐しまれる。そしてまた不思議なほどそのとき讀んだ章句が根深く頭に殘ってゐる。

かくしていはゆる漢學教育を深めていった一方、いつしか私は中學校に入って、ここで始めて新しい時代の文藝《ぶんげい》に接した。たださへ正に少年より青年に進みゆく初心な華々しい憧憬と感傷の時代である。それに幼い時分から厳粛な道徳教育と、小さい頭に包みきれぬ天下國

家の情熱論に養はれた子が、突如として華奢《きやしや》な若い先生から美しく柔いロマンティック・ストーリーズを聞いたり、古く黴臭い和漢書に引きかへ、新しい紙の香の心地よい綺麗な装釘の文藝ものを読んだのであるから、それがいかに血の鳴る胸をときめかせ、燈の光を惜んで読み耽らせたか、想像にあまるものがあるであらう。

その時分、私は四条畷《しじようなわて》（小楠公の古蹟として名高い）の中學に通うてゐた。四条畷は河内の有名な飯盛山の麓にある。もとより都會を遙かに離れた田舎である。私は田中の街道を横ぎり、楠の大木の繁った正行《まさつら》公の墓畔に佇み、或ひは飯盛山の麓の森を逍遙して、都會の學生生活や文藝の話をしてくれた若い二三の先生の背廣《せびろ》の匂ひを未だに忘れることができない。

若しその時分、私の環境が放縦で怜悧で快活な中學生や、それらを教へる平凡な先生たちや、また親しく相往来した若い異性たちだけであったならば、或ひは私は今頃どんな自分を発見してゐるであらうか。ところが、私はまた無理にも始終それらのグループとはまるでかけ離れた古典的風格の人々にも接せねばならなかった。それは生駒山下の瀧寺に隠棲してゐられた大儒・岡村達翁とか、奇矯《ききよう》な漢詩人であった浅見晏齋《あんさい》翁とか、剣禅一味の妙諦に達してゐられたといふ絹川清三郎先生とか、音樂家で禅に深かった島長代先生等であった。

　これらの人々の前に出ると、不思議にも私は特に中學時代の青年などに免れがたい増上慢の心、巫山戯《ふざけ》た心、色っぽい心などが朝日の前の露霜のやうに消えて、何ともいへない清々しさを覺え、水のやうな一味の懐しさに浸るのであった。そして健やかな勇気が身内に漲《みなぎ》ることを感じた。その頃絹川先生のお蔭でほんとの剣道を學んだ。晏齋翁によって漢詩にも夢中になった。達翁の薫化で陽明や中齋を景慕した。また自然と禅僧の自由な、生命の力に溢れた生活や思想に一種いふにいはれぬ憧憬を覺《おぼ》えた。

けれどもやっぱり柔い詩や小説には始終魅せられてゐた。そしてそれから醸される感傷的気分や一種の甘い空想は生活の隙間々々に霧のやうに拡がるのであった。それでゐて先のような人々の前に出ると、そんな華想が文字通りに霧消していつか澄みきったような気分になってしまふ。それは一體どういふわけであるか、自分でも不思議でならなかった。そして時時反抗的に何の老耄奴《おいぼれめ》がと心中にその人々を侮蔑してみたが、その癖どうしても腹の底で「あの人々には到底叶ふまいが」といふ無条件的自己嘲笑に返す言葉もなかった。その理由がそのときにはまだ十分自覺できなかったのである。

　中學を卒業するとき、岡村先生が気になることをいった。自分は西洋の哲學や詩を読んで

心潜かに信じてゐる。我が東洋には更に幽玄な、そして活きた霊の籠ってゐる哲學や詩がある。それは八幡《はちまん》間違のない事實である。しかし自分はもう頭が古いから今更どうにもならない。これからの若いものは一つうんと先づ西洋思想を研究して、新しく東洋思想を普請《ふしん》する覺悟がなければならない。——

その時分、私はゲーテやカントを通じて独逸《ドイツ》の學問にわけもなく憧憬し、政治史や外交史を開いて異常な政治的感興に昂奮してゐた時代なので、到頭中學を卒業すると同時に一高の独法へ入學した。そして滅茶苦茶に独逸語を勉強する一方、哲學や政治學の本を手當《てあた》りまかせに讀み耽った。

そのうちに晏齋先生も岡村先生も（絹川先生は疾《と》くに）相次いで没くなられた。新しい學校生活に慣れてきた私は、その頃から堪らない寂寞を感じだしたことが特に思ひ出される。それはいろいろな理由もある中に、一番痛切に意識したのはいはゆる一高生の案外浅薄な虚偽生活と、昔の想像に反して意外に先生たちに人格者の少いことであった。それかあらぬか私は亡き人々が真に偉かったようにしみじみと思はれた。そして自分はできるだけ學校を休んで讀書に耽った。その間に私ははじめて近代の文明と人間生活とに對して深い疑惑を懐き

はじめたのである。そのときフィヒテ、オイッケン、西田博士等の哲學が辛うじて狂はむとする私の心を引きしめてくれた。私は今もその偉大な人々の名を呼ぶごとに深刻な感謝の情に堪へない。恐らく永久にまたさうであらう。

　さうして専ら西洋哲學に心を潜めてゐるうちに、私は期せずして深い反省を、多年親しんできた支那哲學について触発せられることがしば〳〵であった。それは私にとって實に大なる驚異であった。今まで甚しい独断のごとく、或ひは非人間的な事實のごとく思はれた先哲の思想や體驗に對して、折々一路の幽遠なる世界に通ずるを思はしめた。

　こゝにおいて果然、老儒の言に大いなる真理の存したことを私は深く感悟した。そのうちに向陵の三年を卒《お》へた私は、進んで政治學を修むべく大學に學んだ。大學三年の修業はいよいよ私に東洋哲學や政治學に関する新たなる感激と自覺とを深めた。ありていにいへば、私はこの高等學校・大學の六年間を通じて、いはゆる學校教育のいかに空しきものであるかといふことを痛感した。特に法文科においてさうである。それからこゝで習得する概念的學問と、特に時代的特徴である機械的生活とについてもまた深く考へざるをえなかった。現代の學生には総じて深い反省と正しい努力とが缺《か》けてゐる。何ら學問の真意義を認得することも

なければ、人生を直視する気力もなく、童児が気まぐれに野邊《のべ》の草花をむしりとるやうに、徒らに雑識を頭につめて、飽くなき官能の刺戟《しげき》を求めるほか、その學問も生活も支離滅裂である。

高等學校時代の生活は概して感傷的であり、大學生活はすべて唯物的といふことができよう。今日法學士とか文學士とかいふ者が、自分の大學時代を冷静に回想して、それが文官試験のための準備か、または糧をうるための単なる機械的勉強に過ぎなかったことに、果して後悔の思ひなくしてやみうるであらうか。そしてこの傾向は年を逐うて益々甚しい。今は中學の生徒も、特に都会地では小學校の児童までが、上級生となれば入學試験のためにほとんど苦役にひとしい機械的勉強に虐げられてゐる。

かくのごときは個人的にも社會《しやかい》的にも最も恐るべき霊性の危機であり、生活の破綻といはねばならない。そしてひとたび社會に立つに及んで、ああ私は独りプロレタリアの經濟的・政治的隷従に留まらず、一切の人間がまづ滔々《とうとう》として精神的奴隷生活に苦使せられてゐる有様を心魂に徹して味識せしめられた。

かくて私はひと通り現代のいはゆる學校教育を端から端まで渡ってきた。そして今は實際社會の恐るべき唯物的・機械的魔手と闘って、幸ひなほ未だ死命を制せられぬ精神的自由と若さとをもってゐる。かつ私は現在、東京――現代唯物的・機械的文明の代表地であるところ――に住んでゐる。このことはやがて私たちの後に来る青年や、また現に私たちと同時代に住んでゐる人々に、私が現在及び未来を語るについて經驗の比較的沓《やぶさ》かでないことを証することができようと思ふ。私の觀るところ、そしてこれは恐らく世間の何人もが痛感してゐることであらうが、現代人はその存在の根柢たる精神生活において最も甚しく饑《う》ゑ疲れてゐる。このことは人間にとって物質生活の不安より以上に深刻な問題であると思ふ。もとより精神と物質とは相即不離である。物質生活の不安が直ちに一般民衆の精神生活に暗澹たる陰影を投げることはいふまでもないが、さればといって物質生活が精神生活を決定する唯一の根柢なるかのごとく考へるのは、あたかも意識をもって大脳の分泌物と考へると同じく甚しい唯物的謬見《びゆうけん》である。心と物とは畢竟《ひつきよう》一般者の自己實現の諸相にほかならない。そして唯物的存在はその低次實現であり、これに人格の顕現するは、すなはち高次實現といふことがで

きる。そこで人間は物的存在であるよりもより多く人格的存在であることが否認しえない以上、飽くまでも精神生活の優越権を認めざるをえない。これを否認するはすなはち人間を単なる動物とするものである。

しかるに現代人は自ら求めて自己の優越権を放棄し、単なる動物的存在に甘んじようとしてゐる。怖るべき人格の痲痺！　理知の明は盲ひ、情意の力は萎え果てゝ、次に来るものは何か。長き眠！　死！　然り、然り、そしてそれは同時にわが神の國を「沈みゆく黄昏《たそがれ》の國」Der Untergang des Abendlands となしをはるであらう。思ひこゝに到るごとに私は独り愴然たらざるをえない。

しかもこの内的危険の深淵より眼を擧げて周囲を眺むれば、世間はさらに荒涼《こうりょう》である。強烈な色彩、喧騒な雑音、たえざる機械的労役と虐使、それらがすべて人間の神經に棘々《とげとげ》しい刺戟《しげき》を與《あた》へ、暗い疲労に沈んだ人々はみな鉛のごとき心を抱いて、せめてその暗い疲労を一時的にでも紛らすべく、さらに飽くなき官能的刺戟を求めて蹌踉《よろめ》いてゐる。ああ死の曠野にさまよふ行屍走肉の群。何人かこれを想うて戦慄しないものがあらうか。

何、多數の力はよくこの危険を擺脱《はいだつ》するであらうと。

その多數とはいかなる多數か。

「時務を識らざる先驅者、方角の分らぬ無賴漢、長いものには巻かれる弱者、附和雷同を事とする民衆、これらの者よりなる多數」は、ゲーテならずとも「最も忌むべき者」に非ずして何ぞ。私たちの欲する多數は、その一々が、いづれも道德的自覺に照し、雄渾《ゆうこん》なる理想に向って精進する、小異を棄てゝ大同に即する者の多數である。そは多數に非ずして一體である。これをしも東洋的民主々義といはうか。もとより敢《あえ》て異を立てるのではない。やむをえざるの小乘的立言である。

しかも現代人の恃《たの》む多數は先きの「最も忌むべき多數」ではあるまいか。かくのごとき多數はこれを暴虐あくなき小數《すう》專制に比して勝るとも劣らぬ罪悪である。

外、かくのごとき多數を恃める現代人は、また內、自ら欺瞞的慰藉《いしゃ》に耽ってゐる。それはすなはち機械的・唯物的思想と感傷気分とである。現代人は一に健全なる身體は健全なる精神を生むと解釈してゐる。制度の改善が能《よ》く民衆に恒心を——道德的向上を與へるものと解釈してゐる。ただ身體さへ健全なれば、制度さへ好ければ、健全なる精神、道德的向上は自然に得られるのである。しかしそれは結局個人の力で及ぶ能《あた》はざるものがある。故に個人的

生活の頽廃はやむをえない。つまり社會が悪いのだ。自分に罪はない。——すべてをこの形式論理にあてはめようとする。その何處《いずこ》に人格の自由と尊厳があるか。彼らは自己及び社會の存在を貫く根本原理を自覺しない。實在の真理を把握しない。常に最も安易にして低級なる生命の卑位、實在の外殼に安んぜんとする。脳力經濟《けいざい》を尚ぶ現代人にとって、これは人格的労力經済とでもいふものか。故にその學問思想もまた常に「大脳の分泌物」にとゞまる。かくいふ意味は、我々の最も霊昭なる自覺の光に照して、人格のやむにやまれぬ發動たるべき學問思想がその本来の意義を失墜して、あたかも人間の頭脳が工夫した衣服や建築と同様の功利的、或は享楽的手段となってゐることである。すなはち現代人の學問・思想には、人格活動から遊離した雜識といふ際物的衣裳や鐵《てつ》製の概念的建築が多い。そこで教育の秘義を人格の完成に認めてゐる人々は自ら現代の教育に失望して、新たに教育改造の急務が切論せられるやうになったのであるが、やはり一般に制度改善の一面観にとらはれてゐるやうである。けれども真正の教育改造は必ずフィヒテのごとき精神に待たねばならぬ。すなはち物としての前に人としての自覺を要する。この人としての自覺—内的生活の失明といふことに現代人は東洋人として歴史的に未だかつて經験しなかった危険に遭遇してゐるのである。由来

東洋人は内的生活の充實に比して、外的生活に空疎であった。精神的王國の權威に引きかへて、物質的施設に貧弱であった。これに向って一大刺戟を與へたものがすなはち欧洲文明國民である。東洋人はこれによって確かに大なる教を受けた。そこでかかる物的經營は當《まさ》に確乎たる内面的自覺の基礎の上に建設せらるべきであったものを、東洋人は突如としてその急激なる刺戟を受けたために、一時惑亂《わくらん》してその内面的自覺の基礎を棄てゝ走り迎へたのである。けれどもこれは最も危い。根柢なき枝葉は終に枯れざるをえないのである。

しかるに現代人の精神的失明はさらに嫌悪すべき偶像を擁するにいたってゐる。精神的失明より生ずる不安と混亂と悲哀とは、何ものかに依《よ》り、何ものかに縋《すが》り、何ものかを恃《たの》まねば慰む術を知らない。こゝに偶像礼拝が生ずる。けれどもそれは決して解脱ではない。救済ではない。要するに煩悩場裡の一妄作《もうさ》である。断じてこれを絶對の覺者を恃みたてまつる、或はありがたき佛の御催しにあづかる他力救済と混同してはならぬ。後者には尊き自覺の寂光がなければならぬ。絶對の覺者、ありがたきみ佛への帰依がなければならぬ。帰依は盲目的纒繞《クリンキング》ではない。

現在の宗教文學乃至運動にいかにこの妄作の多いことであらう。

すでにまづ内面的自覺の明を失し、次にまた盲目的偶像礼拝の妄作を重ぬるに及んで、私は現代人の精神生活を冒してゐる頽廃がいかに深刻なものであるかを知って、そぞろに沈痛なる瞑思を誘はれる。自然科學と唯物史観に養はれた植物が驚くべき成長と繁茂を示すうちに、根柢の枯死が全體に恐るべき動揺を與へ出した。根柢の培養、それが刻下の急務である。そして九泉に到る底の根柢を造って、また新たなる成長を試みねばならぬ。禅家の熱喝《かつ》が耳朶《じだ》に響く。――爾《なんじ》の脚跟《きやくこん》下を照顧せよ。

（大正十一年十一月）

二　東洋的自覚

我々は人であるといふことにおいて、男も女もすべて同一である。しかしながら、人として同一である我々は、同時にまた、あくまでも男は男であり、女は女であらねばならぬ。最も深い恋愛は常に真個の男性と女性との間に湧くものである。自然、近頃やかましく論ぜられる両性の自覺の問題も、畢竟男女とも舊来《きゆうらい》の盲目的・因習的な虚偽の生活から覺めて、新たに真實な高い意義においての男性となり、女性となるを意味するものである。

それと同じく、我々はまた人であるといふことにおいて、日本人や支那人や欧米人に何らの相違はない。ただ、人として一律であるとともに、またあくまでも日本人は日本人であり、欧米人は欧米人であることをも考へねばならない。といっても、それは決して一部の揚げ足取りが口吻《こうふん》を弄《ろう》するごとく、「日本人だからあくまでも和服を着用すべし。」といふやうな詰らぬ枝葉の問題をいうてゐるのではない。國民性の特質そのもの、ひいては國民の有する文化そのものに関して論ずるのである。

もし一國の民衆が自らその祖先より伝へてゐる民族的精神の特質如何を反省することを忘れて、國民的放心を以て世界に彷徨《さまよ》ふならば、たちまち恐るべき饑餓と雑食とのために、不測の大患に襲はれねばならないことはむしろ必然の事實である。國民的放心が最も恐るべき國民の死因であることは、これあたかも男性が男性であり、女性が女性であることを失ふ危険と同一といはねばならない。

しかるに我々は往々この明らかな道理さへ世間に失はれてゆくやうな心もとなさを痛感することが多い。男と女とは要するにただその生理的構造の一部分を異にするに過ぎぬといったような暴論や、實用に適せぬが故に、國學や漢学そのものが無価値であるといった風の議

論などがその例である。そしてそれらの中の最も驚くべき錯誤は、欧米の物質文明に驚嘆した邦人が、そのために自家の誇るべき精神文化そのものを忘却したことであらう。しかも忘却はいつか侮蔑を生んで、彼らは更に西洋の文化のみに心酔して、東洋の精粋を没却した。そこでソクラテスは偉大な哲人であるが、孔丘は無粋な頑固爺に過ぎない。況《いわ》んや王陽明などは何ら特別の意味もない一個の固有名詞としか考へられなくなり、アレキサンダーは英雄であるが、ヂンギスカーンは暴王である。英國のシェークスピーアは大文學者だが、日本の巣林子は平凡だといふやうな非常識の人が多くなってきたのである。その結果、外國で東洋の歴史を尋ねられて赤面したり、未だかつて想到したこともない自國の偉人の事蹟を教へられて驚いたりするやうな馬鹿げたこともあった。この分でゆけば今に東洋の歴史をパリまで習ひに出かけ、佛教の講義を聴きにベルリンまで行かねばならぬとも限らない。現に陶器や鏡の研究ならばアメリカで立派にやってくれてゐる。西洋人が支那はおろか中央アジアへでも盛んに學術探険隊を派遣して、あらゆる専門學者は勿論、美術家・写真師まで揃って、莫大の費用と労力とを惜まず懸命に努力してゐるのに、日本人は支那の内地にすら到底思ふやうに行きえない。たまたま學者が憤慨しても國民は我関せず焉《えん》たる冷淡さ加減でゐる。美妓

の一盼《べん》に萬金を捧げながら、自國の敬すべき學者の遺著のために神聖なる千金を献ずることのできぬ富豪が多いのである。それでゐて彼らは鐵面皮にも自國を蔑して憚らない。今わが國に大いなる哲人が現れたならば必ずや先づ「同胞よ、汝らの脚跟下を照顧せよ」と叫ぶであらう。かくのごとく我らの同胞が東洋の文化を閑却するに至った理由は、考へてみれば、かなり複雑なものである。殊《こと》にその重大なる一理由として漢字の難しいことが喧しく論ぜられてゐる。これは確かに考ふべき問題に相違ない。科學的思想の発達につれて人間の頭脳は非常に概念的・分析的になってきた。これに加ふるに、めまぐるしいほど劇甚な社會活動の影響を受けて、人は更に思索の余裕を有しない。したがって彼らの頭脳はなるべく簡にして明らかなものを要求する。この要求に対して漢字の性質は果して適合しうるかどうか。そは恐らくここに説くべく余りに論じ古されたことであらう。一体漢語は、他國語が多く知に訴へて概念的なるに反し、著しく感情の無限性を帯びてゐる。感情とは意識の不可分的統一である。語を換へていへば意識に現れる内容全體にたいする主観的反動である。したがってそれは常に何らかの形をとって表現を試みる。しかしながら到底いかなる形においても完全に表現しきれない無限性がその本質をなしてゐる。漢語は最もこの感情の無限性の象徴に富ん

でゐる。東洋において特に神祕的思想の幽邃《ゆうすい》なのは、この漢語の性質と大いに相待つものといはねばならない。

漢語が有するこの豊かな象徴味は、これを解する人にとっては実に不盡の妙味がある。しかしこれと正反對に、他の多数者のためには訳の分らぬ謎語になりやすい。社會といふ立脚地より考へるとき、これは等閑に附せられない問題である。たとへば史に開元の名宰相宋璟を記して「璟・風度凝遠、人その量を涯《きわ》むるなし。」とある。「風度凝遠」といふ形容はまことに無量の味はひがある。しかしそれには何ら限定された具体的な特徴を捕捉することはできない。またかつて雪嶺博士は副島蒼海を「三代の風格」と評せられた。三代の風格とは確かに不思議なアトラクティブ attractive な言葉である。しかし果して幾ばくの人がその魅力を感受しうるであらう？

實在は定義を嫌ふ。でも人間は定義せねば満足しない。そこで自然に漢文的の文章は高閣に束ねられる。ところがこれを研究する人は民衆には一向不親切で敢て辯を好まない。やはり人を論じては一律に聰明大度と言ひ、狷介《けんかい》不羈《ふき》と書く。これでは結局ますます理解がなくなってゆくばかりであらう。近頃問題になった大村西崖氏の『密教発達史』でも、全部が漢

文で論述されてゐる。まさに時代錯誤といはねばならない。尤《もつと》も氏の本意は讀《よ》めぬくらゐの者には讀んで貰ひたくないといふに在るさうであるが、それが不親切である。今日國文學の方などはよほど開けてきたが、シナの文學や經書は依然として舊態のまゝである。喧しくいはれる老子や莊子でも一體どれほどの人がその香りだに聞いてゐるであらうか。殊に支那史上の人物のごとき、殆《ほと》んど人間として取扱はれてゐない。すべてが木か土で作った人形のやうに考へられてゐる。その理由はやはり先に述べた聰明大度とか、狷介不羈とか一律平等に論じ去って、個人的特徴を現實にふさはしく説明することをしなかった弊害である。

だからこれから例へば東洋史を研究するならば、まづそれらの人物からして現代人に親しく生かす工夫をしなければならない。支那哲學を學ぶ人はこれに先だって西洋哲學で十分頭を練ることが肝要である。私がある友人と話のついでに東坡《とうば》は、痔もちであった。殊にその晩年、恵州や儋耳《たんじ》の謫居《たっきょ》生活に隨分痔で苦しんだ。それがために彼は肉を食ふことを断ったり酒を禁じたり、また最愛の妻朝雲ともその閨房《けいぼう》中の事を愼んだりして、偏へに養生したことが彼の日記に書いてある――と話したら、その友人はそんな下らない研究までしなくてよいぢゃないかといって笑ってゐた。しかしそれだからいけない。孔子がどんなものを好んで

喰べたとか、子路がこんな気質であったとか、漢の高祖はかういふ顔をしてゐたとかいふやうなことが、盛んに説明されるのがよいのである。人間を親しく生かして研究しなかったから、したがって今まで提示されてきた歴史も血の気がなく、學説も硬化してゐたのである。真實に儒教の説く堯舜《ぎようしゆん》を理解してをれば、堯舜なる實在人が否定されても、狼狽《ろうばい》していがみ合ふ必要はない。暖い血の通うた觀察と親切な生きた表現とがあらゆる東洋文化の研究に是非とも必要な緊急の問題である。

自家の文明の特質には放心して、いたづらに他所《よそ》の分野を放浪して食を求めた結果が、邦人に甚しい気質の變化を生じたことは争へない。

故郷を失った魂の寂寞と、消化不良の心情は彼らを著しく焦躁にまた無気力にした。そして多くの邦人は今日いたるところにみるごとく、日本人たるの床しみもなく、さりとて英人や獨人などの精彩もない、不安な灰色の人間になったのである。そして不断に乞食のやうに卑しい眼をあげて、彼らはオイッケンに走り、タゴールを迎へ、ベルグソンを拝んだ。ひとたび世間の人心が經済問題に集まると、彼らはまたあらゆる各自の住居から走って經済學の

路傍に群った。また労働問題が一時に勃発するや、彼らはさらに相率ゐてこれに蝟《いなご》のごとく集っていった。労働問題を題材とすること、これすなはち文藝の社會化であり、哲學の社會化であるとする憐れむべき錯誤があたかも現時の風潮である。

それでゐて果して真實にマルクスの人格・思想に感激し、クロポトキンやラッセルの呼号に誘掖《ゆうえき》せられてゆく敬虔な社會の奉仕者が幾人あるか。多くは容易に何人とも離合する軽薄児に過ぎない。その人々は我々は何であるかといふ自己反省はおろか、何をもつかの問題をすら考へないで、いたづらに他人が何をもつかといふ点ばかりを考へてゐる。さうしてその果ては、「自家の無盡蔵を抛却《ほうきやく》し、」自國の寳田《ほうでん》をも棄てゝ他國の塵境に去来することになるのである。我々は我々の周囲にかくのごとき多くの放浪児を見ることは、まことに淋しく感ぜられてならない。我々は純粋に日本の土に育った人格を愛する。丁度ドイツにゲーテありカントあるやうに、また英國にシェークスピアあり、ミルトンあるやうに、我々は人たると同時に日本人たる我々の胸にぴったりと契《あ》ふやうな生ける魂を欲する。この「生えぬき」の意味において、故正岡子規や岡倉天心は確かに勝れた人物であったといふことである。近くは漱石・露伴にも慕はしさがあった。

かく我々が人であると同時にまた純な日本人であるためには、是非少くとも日本及び支那の國民性や文化を知らなければならない。さればとて今更現代の人間に古典をそのまゝ勧めるのはもとより時代錯誤の愚見である。したがってそれは専門家の生きた熱心な努力に待つ外はない。近頃やうやく各方面にその気運が起ってきたのはまことに喜ばしい現象である。

　専門家に待つ方法はもちろん多趣多様であるが、そのうち我々の特に要求するのは第一に新しい地誌や紀行の出版である。殊に満鮮や支那の自然や人情風俗の描寫《びょうしゃ》は、色々な意味において、どれだけ我々の趣味を喚起し、また文化を味ふ資《たす》けになるか分らない。殊にそれがいはゆる支那素通り記にあらずして、田舎や塞外の描寫になればなほさら面白い。先だって日日新聞に連載された後藤朝太郎氏の文章などは近頃愉快に読まれたものゝ一である。

　第二に歴史をもっと人間に親しく説くことである。先にも述べたごとく、支那史になれば、恐らくごく少数の人を除いて邦人は殆んど無知に近いであらう。それも単なる知識の缺《けつ》乏《ぼう》ではなくて、歴史の内容そのものに對する情熱が冷めてゐる。これなどは極東民族としてむしろ不思議な現象といはねばならない。専門家は先づ史上の人物からして、蘇生せしめることが必要である。蒙古の耶律楚材《やりつそざい》や近くは清の曾國藩《そうこくはん》のごとき、確かに世界的の大政治家

であるし、宋の司馬光の人物なども、その道徳的風格は我らの深甚なる感激に値する。かういふ人物研究に深い省察を加へてゆけば、やがて史實の解釈に新たな生命が與へられてくるに相違ない。そして政権争奪史以外に、別に社會的見地から山東黄巾《こうきん》の賊や、白蓮《びやくれん》教徒・長髪賊等の運動までも綿密な観察を下してゆきたいと思ふ。

第三には哲學文藝の研究である。現存の支那思想史や支那文學史等は極端に開けてゐない。恐らく大抵の著書は著作者の名を入れ替へても變らぬくらいに紋切型である。引用の原詩・原文まで殆んど一定してゐるのもおかしいが、みな一様に恐ろしく古来の思想家の内的生活に無理解であり、無批判的である。否、大部分はみづから真面目にさういふ問題に触れたことがないのではないかとさへ疑はれる。これからは是非とも現代の哲學で頭を練ってきた人が更に幽玄な思ひを潜めて、東洋哲學の真価を発揮せなければならない。また真摯な文學者がその尊い情熱を以て、豊富な東洋文藝の野に人を誘はねばならない。

このごろ諸處に芭蕉の研究や近松の研究が行はれるやうになったのは心強く思はれるが、まだまだ和歌にも俳句にもその他いろいろの方面に研究さるべきことが殆んど手をつけられてゐない。況んや支那方面にいたっては全く話にならぬといってよからう。

最後に力説せられねばならないのは東洋の宗教である。

なるほど佛教のことは隨分盛んに研究されてゐるかも知れない。しかしそれは主として考証的意義における佛典の研究か、冷静な専門家の頭の比較討究を出ないで、國民はこれに何らの感激をも得てをらぬことは否定のできぬ寂しい事實である。日蓮・親鸞はまだしも、天台といひ、真言といひ、禅といふも、果してどれだけよく人の心に温い光を與へてゐるであらうか。

これなくして生くる能はざる信仰、人間至上の要求は今や僧と俗とを通じて空しく冷却せんとしてゐる。これ民族の恐るべき不安である。我々は是非とも我々の哲學を通じ、文學を通じ、また藝術を通じて、その奥底に熱烈な宗教的信仰の力と深い安立とを蔵せねばならない。しかもこの使命の前に現今の既成宗教界はあまりに無価値ではないか。

最近、真言宗の密門宥範遷化《せんげ》し、或ひは永平の日置黙仙入寂《にゅうじゃく》するや、後任の管長選挙・後董選挙の俗悪を極むること、殆んど全國の識者をして呆然たらしめた。俗界選挙の腐敗を極むる今日、少くとも一部の君子人は真に神聖なる一票の行使を桑門《そうもん》に期待したのである。しかも或る意味において桑門の選挙は更に一層の腐敗を露《あらわ》してしまった。我々は僧侶の参政権

運動にも道理を認める。また慈善事業や布教宣伝にもその意義を首肯する。しかも我々はもはや彼らの行動には何らの感激をひかない。生命を認めない。「日蓮宗とその國家観」とか「法華經より見たる普通選擧論」等を時代の尻馬に乗って強辯《きようべん》するより、我々は先づ深く僧侶みづから反省してもらひたい。今日全國無数の寺院は果して何がために存してゐるのか。僧侶は何によって生活し、何を為しつゝあるか。

提唱の座で新聞小説を讀みながら、三年の月日を疎懶《そらん》に送って、一住職の資格をうることが雲水の本分か。密門のための奨學金を偷《ぬす》んで、選抜生となって都門に下り、肉の香に親しむことが大師の弟子の所業であるのか。

日蓮以来いかなる敬虔な行者たちが法華經のために尊い心血を竭《つく》してきたか、今の遊惰な僧正連は知らない。白隠や東嶺がいかに深刻な悩みを積んできたか、その尊い心地を今の雲水は考へだにしない。女人を禁じたその昔を逆転して、霊山公然の魔窟に陶酔しながら、青僧都が雲照律師の峻厳な戒律を嗤《わら》ふに至って、我々は聴くだに嘔吐を禁ずることができない。敬虔な心を以て、彼らの各々の宗派が蔵する高徳先覚の一人でも世に紹介するは、國会に出て政治に参ずるより、遙かに尊い務である。例へばあれだけ偉大な教化を遺した弘法大

師の後に、その傳法《でんぽう》の高徳の一人だに世間は知ってゐない。

禅宗のごときも、代々の龍象ほとんどみな奇狂な變態心理者のやうに思はれてゐることが少くない。世間のどれほどがよく臨濟や徳山の棒喝を解してゐるか。否、雲水の心境を想像してゐるか。しかもこれらは東洋民族として知らでは叶はぬ尊い問題である。それにもかゝはらず、これに對して今日のごとき無理解や謬想を生じた原因は確かに一半、禅徒の罪といはねばならない。この頃も苦々しく思はれることは愚劣きはまる禅書の出版である。『悟ってから』・『大悟一番』・『悟道の妙味』・『まあ坐れ』・『禅學早分り』などと管長や禅師の美名のもとに、書肆《しょし》の店頭に累々と竝《なら》んでゐる金文字の著作は一體何がために何を書いたのか、まるで意義をなさぬのである。恐らくそのいづれの本をとって題名を交換しても、著者名を誤記しても、その内容には何らの影響をも及ぼさない。またそれらのどれか一冊を遺して、他は悉《ことごと》く焼き棄てゝも差支へはない。皆それほど千篇一律なもので、くどくど先人妙悟の事蹟を陳列してゐるに過ぎないものである。

しかしまたいかに彼らが愚劣だからといって、それがために識者が宗乗そのものまで無視するのは更に甚しい顚倒といはねばならない。私はこの際心ある人が奮って我々の先人の遺

した心境や事蹟の研究に従事されんことを希望してやまない。

このごろ良寛和尚や西行法師などが次第に國民に理解されるやうに、無學や関山や澤庵《たくあん》や白隠などの難解難透の人物まで新しく國民の胸に蘇ってくることが待たれる。そしてかつて高野や花園や虎溪などを中心として、いろいろな敬虔な宗教團體《だんたい》が法輪を転じた如く、あらゆる陋《いや》しい汚れから浄められた神の友 Gottesfreunde の群のやがて社會を光被せんことを思ふ。

かうして民族と文化といふことを思へば、埋没した文化が再び民族の胸に帰するための第一歩として、古典の新訳が行はれるのは喜ばしいことである。世界聖典全集とか、國訳漢文學全書とか、國訳禅宗叢書等が刊行されるのは、よし少々杜撰《ずさん》であっても、我々はかゝる學を慶せねばならない。かかる國訳や口訳の刊行がますます漢學や國學の力の衰頽をきたすといって慨嘆する旧思想家は早くその蒙を啓《ひら》かねばならぬ。古典などは何よりも先づできるだけ現代化し、民衆化して、吸収に力めることが大切である。そのため多少の犠牲はもとより拘泥《こうでい》すべき問題ではなからう。

（大正十年二月）

秋夜独語

支那の賢人はみな喋舌《しゃべ》ることを嫌ふ。辯を好むといへば、彼らはきまって厭な顔をする。つべこべ喋舌ることを多言といって彼らは賤しむのである。しかしそれだからといって日本人一流の早呑みこみに彼らを訥辯《とつべん》家あるひは寡言家のように決めてしまふことは、すこぶる迂闊《うかつ》である。實際は大抵、我豈《あ》に辯を好まんやといひながら、まことにやむをえざるなりと辯解して滔々《とうとう》たる雄辯を振ふ。現に陽明のごとき、ざっくばらんに、余は天下の多言者である、決して黙の道を知ってゐるとは申さぬと告白してゐる。喋舌れないのではない、喋舌るまいと思ってゐるのだが、社會の現象が喋舌らさずにおかぬから、やむなく喋舌るのである。すでに心の禁を犯さねばならぬほど必要に迫られた以上、もともと喋舌れないのではないのだから、大いに喋舌ることになる。しかしそんな大變なことになる必要は多く生じまいとは我々の誰しもが容易に感じることであるが、ところが支那人にはなかなかさうではない

のである。彼らは人間の精神生活については驚くべきほど敏感で、眞實に、宇宙は自己に関係のない對象《たい》的存在などではなくて、自己そのものゝ世界であると確信してゐる。だから例へば社會の一寸《ちょっと》した出来事にもすぐに大なる衝動を感じて、容易に喋舌るべく余儀なくされるのである。したがって賢人を尊敬する支那人はみな能辯家・雄辯家とみて差支へない。しかもその言葉が社會のことを自分のことのやうにまざまざと感ずる、その情熱から噴出するのだから、聴く人も他事のやうに思はないで聴かねばならぬ。「妄言するから妄聴してくれ」と荘周がいったからとて、それをそのまま受けとってもらっては困る。

秋の夜もしんみりと長くなってきた。燈火の下に讀み疲れ考へあぐむこともあるであらう。そんな時にたまたま諸縁を放下して、やはり辯を好まぬある支那學者の同じ退屈な秋の夜の獨語を真面目に聴いてみるのも面白い。なにしろ支那學者の獨語のことである。讀者に合點《がてん》の悪いことを心配して、さて老婆親切に日本人の私が取り次いでみる。

元老を退隠さす話

先日日本の新聞で、一人の壮漢が八十四にもなる老富豪をば荆軻《けいか》式に刺し殺したことを知

った。世にも無惨な話である。報道によれば、その富豪は八十の老翁といへども、万事實権を握って、少しも衰へてゐなかったさうで、そのために若い者から同情されなかったのであらうが、しかしその富豪に限らず、一體《いったい》社會いたるところかかる老人に實権を握られて、若いものが萬事《ばんじ》にその支配を受けてゐるやうな今日の現象は、若い者が要するに無能なからだ。老人なんていふ者はなあにころりと参るものなんだが。その點で私は、宋の太祖に感心してゐる。彼は元来よくある「成上り者」である。衆に擁せられて萬乗の君となったものゝ、さて南面してみれば、臣と称して拝する者のなかには先日まで同じ仲間であった将軍連も大分ゐる。くすぐったくもあり、煙ったくもあり、考へてみれば恐ろしくもある。そんな連中が依然として大兵を擁してゐては、手もとに虎を飼っておくにひとしい。彼らは内心、なあに奴も昔は俺達の仲間だったぢゃないか。威張れた義理でもあるまいと高を括《くく》ってゐるであらう。さなきだに軍閥の頭目は手に負へぬものである。これは何とかせねばならぬ。現代は漸《よう》く戦争の治まった、民みな平和を思ってゐる時代である。早くあんな物騒な連中を處分して、軍閥に代ふるに文官を以てせねばならぬ。さりとて故なくして彼らを排斥することはできない。殺伐な手段は人道に反する。まして彼らはみな老将である。老人には老人だけの満

足を與《あた》へてやるのが道だ。宰相趙普の腹もまた同じことを考へてゐる。そこで或る日太祖は彼らの中でも主だった石守信・王審琦たちと酒宴を開いた。だんだん酒が廻るにしたがって互ひに引き緊めた心の轡《くつわ》が弛《ゆる》んでくる。好い加減を見はからって、太祖はわざと左右の侍者を遠慮させて、さもしみじみと切りだした。

上　余もどうやら卿《けい》らのお蔭で天子になることができた。卿らがをらなかったら、到底余などが天子にはなれなかったであらう。さう思へば余は卿らが實に有難い。だから真實余は卿らにできるだけのことをお礼にして上げたいと思ってゐる。

しかしね、思へば天子もまたつらいものだ。天子になるより一層卿らのやうに節度使でゐる方がなんぼう楽なものか、余はこれで夜通しろくに安心して寝たことがない。

彼らは意外な上の言葉に驚きの眼を見張った。

臣　一體そりゃどういふわけですか。

上　さ、考へてみれば分らぬこともあるまい。御身たちはすでにそれだけの位にあるではないか。さうだらう、ね。やらうと思へば余の真似はいつでもできるはずだ。一番俺もと思ふのは、そりゃあたりまへのことさ。

彼らは思はず寒心した。

臣　陛下、今更どうしてそんなことをおっしゃるのです。今や天の命は陛下の御身に定まりました。誰に異心がありませうか。

上　いやいや、さうではない。卿らに異心はなくとも、卿らの幕下にどんな野心家がをるか實際分らないさ。もしさういふ野心家がひとたび憤起して卿らを擁立し、卿らに無理にも帝王の黄袍《こうほう》を着せてしまったら、厭も応もないではないか。かういはれては、現に上がその例であるだけ、彼らも返す言葉がない。

臣　陛下、陛下、臣ら愚昧にしてそこまで深く考へ及びませんでした。お言葉を承って、今は一同どうしてよいか分りません。どうか陛下、臣らに憐みを垂れさせられて、生くべき道を御示し下さるやう偏へにお願ひ申上げます。

思ふ壺にはめてしまった上はいよいよ一同を魅し去った。

上　人生といふものははげに果敢《はか》ないものだ。白駒の隙を過ぐるがごとしとはさても能く言った。この短い世の中に齷齪《あくせく》暮らすほど愚かなことはあるまい。暢気《のんき》に楽しく過ごすが一番である。人が富貴に憧憬《あこが》れるのは、澤山《たくさん》金を蓄へ、自ら快楽して、子孫にも貧苦をさせた

くないといふ理由にとどまる。卿らもいつまでつらい勤めを続けるのか。早く兵權などは政府に返してしまって、好い宅地を手に入れ、子孫のために永久の計を立て、美人を招いて酒でも飲み、一生気楽に送ってはどうか。さうすれば君臣の間もまた社會の耳目も極めて和平に濟《す》むであらう。それが善いではないか。――

彼らはみな相好をくづして喜んだ。

臣　陛下、それほどまで臣らを思召して下さいますか。その御意は實に臣らの死を活かして、骨に肉をつけて下さるやうなものです。

果して彼らは明くる日からぞくぞく疾と称して兵權を返上してきた。政府は一々聴許して、彼らに十二分の慰労手當《てあて》を與へ、かくて巧みに頑強なる武人の勢力を消滅させたのである。

これは實際古今の歴史上稀に観る喜劇である。そして確かに人情の機微に最もよく触れてゐる。この實例はもはや千年近い昔の話であるが、どうも昔の話と思へぬ甘味がある。少くともヒューマニティーを重んずる現代の若者にはこの話を覚えておけば、何かの足しにならうといふものだ。

宰相の収賄

東海の君子國もこの數年来、すこぶる賄賂《わいろ》騒ぎが大きいやうである。賄賂はどこでも行はれるのが人情で、いくら東海の君子國でも、實は支那と國の廣さに正比例する程度ぐらいに、やはり賄賂は行はれてゐたに相違はない。たゞ君子はさすが君子だけ、賄賂を賄賂と思はずして、人間の可憐な礼心と解釈してゐたのであらう。それがさすがの君子國もだんだん時代の變化とともに人が悪くなって、今度は好んで悪意の解釈を採用し出したのぢゃあるまいか。

さっき獨語に太祖のことをいったやうに覺えてゐるが、さういへば太祖とそれから宰相の趙普の収賄に関する一幕が思ひ出される。宰相となるとなかなか「役得」が大きいらしい。趙普もお蔭で方々から始終いろいろな物が舞ひこんできた。しかし案外彼は正直者で、その役得がかなり苦にもなるらしかった。或るとき浙江《せっこう》省の某家から使者がきて、書面と海物を十瓶ばかり献上した。それをとにかく一時廊下に陳列して置いたところへ、丁度太祖が御成りになった。不意のことで彼はどうする暇もなくお出迎へせねばならなかった。もちろん進

物もそのまゝであったのである。そこでさっきの陳列品が太祖の眼にとまった。ありゃ何だと太祖は尋ねた。趙普はごまかさないで、實はいま浙江から進物にもらった物ですと答へた。磊落《らいらく》な太祖は、浙江の海物なら佳からう。早速あけてみよとて、いよいよ開くと中には黄金が澤山はいってゐた。趙普はすっかり恐縮してしまった。

趙　實《じつ》はいま到着いたしましたばかりで、まだ書面も開いてみませんので。こんなことなれば申し上げてきっと返してしまふのでございましたに、いや全く私は何事も存じませんでした。

彼は全く困り入ったのである。しかし太祖は洒然《しゃぜん》として言った。

上　なにもらっておけばよい。きっと贈り主は國家のことはお前で何でも出来ると思ってゐるのだ。たゞ、お前も礼状は出しておくやうに。

江南の後主から銀五萬両もらったときは、趙普は太祖に相談したものである。太祖は言った。

上　もらはなくてどうするんだ。たゞ礼状は出さねばならぬ。そして使の者に少しやるがよい。

それから後主は弟をやって太祖に入貢させた。そんなときにはきまって使者に下され物がある。ところがそのときは常賜《じょうし》の外にかつて江南から趙普に贈っただけの白金をも賜はった。これには彼らも荒胆を挫《ひし》がれたのである。太祖のやうな人物に使はれてゐたら、東海の君子連もあんなにぼろは出さなかったらうに。はて、役者が小さい！

孟子百三十版

人間の解放、自由なる人格の建設等の言葉が一般民衆の標語になった。大變な進歩である。孔子も孟子ももし現代に出たならば、あんなに口と足とを苦しめてなほ一生不遇に終るやうなことはなかったに相違ない。早い話がさしづめ孔子の言行録たる論語は数十版、より多く圭角と情熱とに富んでゐる孟子七篇などは實際死線を越えた著作だから、やはり百三十版賣切《うりき》れか。脛に毛のなくなるほど労働して、無差別平等愛を説いた墨家の團體の勢力も思ひやられる。あの當時でも、「東方の大狡《たいこう》」や「齊《せい》國の暴者」がぞくぞく感化されたのだから、どうしても墨家は労働党・社會党であらう。それを虚無自然主義の楊家は思想界の一角から冷笑するだらう。墨家といへば、墨子は是非ともワシントン會議への全権たるべき人物

である。彼以外に弱國苛《いじ》めの欧米を挫《ひし》ぐ俠骨はゐない。有色人種運動も彼などがをれば、きっとその先鋒に立つであらう。そんなことを考へると人物が欲しくなる。

東洋の人物

人物についていひたいことは、いはゆる東洋的人物である。厳密にいへば極東的人物、すなはち主として支那及び日本、殊に支那の人物であるが、泰西の霊的に空虚な概念の戯學や變態《へんたい》心理病者の病院でどうやら怪しくなってきた現代の神経衰弱派は、東洋的人物といへばすぐに何ら自覺の発達しない、感覺のデリカシーをもたぬ、野蠻《やばん》人に近い粗豪な人間が多いやうにやっぱり誤解してゐるらしい。なるほど東洋的人物は確かに彼らほど気分が明白でない。どこかから淡として捕捉しがたい。一體此らの感覺は刺戟を傳《つた》へぬ。かりそめにも常識のある人間ならば間違へられないやうな算盤の桁をはづしてけろりとしてゐる。彼らが血道をあげて騒ぐ戀も平和も、格別これには痛痒《つうよう》を與へぬかのごとくみえる。そしてこれほど社會生活がやかましく論ぜられる世の中に依然として戦國時代式立廻りを続けて悠々としてゐる。全く度しがたい人間であらう。だから御親切にも支那は到底國際間で管理してやらねば

などといひだしてきた。最も善意に解釈したところで、他人の疝気《せんき》を頭痛に病んでゐるに過ぎぬ。しかし極東の民族はさう感覺的の人間ではないのである。彼は非常に思索的・唯心的な人間で、大塩平八郎の言ひ草ではないが、極東民族は肉で心を包んでゐるのではなくて、心で肉を包んでゐる。肉あって霊あるのではなく、霊あって肉が存する。彼にとって世界が我であることなどは動かすべからざる確信である。天人合一・物我一如は歴史的に體験《たいけん》してきた事實である。

白楽天が都の郊外に宅を構へて、庭に自然を縮めて結構したときも、彼は池の白蓮・折腰菱、池畔の天竺石や華亭の鶴と交って、主客を分たぬ逍遙遊を楽しんだ。欧陽修の号は六一居士といふ。蔵書一萬巻、金石遺文一千巻、琴一張、碁一局、酒一壺、これで五一になる。それに欧陽修といふ一翁を加へて、ここに六一となる。彼が六一居士と号したのは、老いて病氣やら何やらで潁《えい》水の畔に隠居する頃からである。そこに物我一如の灑落《さいらく》な彼の人格が躍動してゐる。

我をここまで普遍化するために東洋人は至れり盡《つく》せりの思索工夫を積んでゐるのである。我とは何ぞや、いかにして我を完成すべきかは實に東洋人の関心の全部であった。したがっ

て個人・家庭・國家・天下（世界）の問題は彼らの論議の中心であった。東洋人は無自覺な非哲學的・非人道的民族のやうに考へるのはむしろ滑稽といふほかはない。その似而非《えせ》新人が感覺の迷妄にまごついてゐる間に、彼らは夙《つと》に精神の峻《けわ》しき嶺に攀《よ》ぢ上ってゐる。一方が有限に悩んで（實は楽しんでゐるとも僻《ひが》んでとれる）ゐるうちに、他方はいち早く無限に參じてゐる。疥癩《かいらい》野干の身となるとも、二乗声聞の類となるなかれと、これは奮躍する。これに反して彼は疥癩野干の身となるも、娑婆の俗縁忘じがたしと悲鳴する。だから恵端は法嗣を苦にしなかったのである。俗衆には算盤の桁外れた變物ともみえたのである。その間の差違を決定する一語は一「破執」にある。断ちがたき執を能く断って去る獅子の面影に彼らは非人間的なりとの遠吠を與へた。ニーチェも獅子の意志（Löwen-Wille）を説かなかったならば、あんなに氣の毒な誤解を受けなかったであらう。しかしその獅子吼《ししく》は世に最も恐るべきものである。千九百二十年になってもやはり新しい黄禍説の出るのは無理もない。一つワシントン會議でその獅子吼をやればよいと思ふのだが、不幸にしてこの頃はその獅子國にも驢馬《ろば》の鳴き声ばかりである。

鬚《ひげ》を拂ふことの輸入

滿鐵《まんてつ》にゐる日本のA君から便りがあった。

自覺を叫ぶこと日々に新たなる現代において、却って人はますます人格の獨立尊貴を失ひつゝあり。今や我が國政界のごときは人々みな器のみ。官僚はすべて侍妾のみ。何のところにか男子の操持をみん。一意宰相の鬚を拂ふのみ。余はむしろ日本の戰國狀態を喜ぶ。そこにはなほ人間らしき生氣あればなり。云々

A君は私の尊敬する日本の志士である。彼は決して尋常一樣の燕趙《えんちょう》悲歌的志士ではなくて、眞實に自由の鬪士である。彼は何者も礙《さまた》げることのできない精神的威力をもってをり、常にその必然なる生命の力を發揮してゐる。彼はみづから官吏の一員であったこともある。彼をして單に想像上からでなく、體驗上より激語せしむる以上、日本の政界も要するに意氣地のないことが分る。鄰邦《りんぽう》から馬鹿にされるのも實は自業自得かな?

さりとは日本の官界もいつ頃から「鬚を拂ふ」ことまで輸入したのであらう。確かに輸入したに相違はない。わが畏敬する「神ながらのくに」にそんなことはなかったはずだ。輸入元はやはりかくいふ支那である。

話は今から九百年ほど昔に遡《さかのぼ》る。ちょうど宋の真宗の頃に、何だか日本の南洲翁に似た寇《こう》準《じゅん》といふ大臣があった。非常に後進を愛した人で、丁謂《ていい》とか种放《ちゅうほう》とかの才子輩もみな彼の推《すい》輓《ばん》を蒙ったものである。その丁謂がこの話の主人公なんで、日本の官吏諸君には善かれ悪しかれ縁の深い男である。丁謂は確かに奇才であった。だから非常に重寶《ちょうほう》な人物ではあったが、悲しい哉《かな》どうしてもおっちょこちょいたる憾《うらみ》を免れなかったらしい。寇準は彼のために竊《ひそ》かにそれを悲しんでゐた。その丁謂が参政とまで出世したときのこと、或る日大臣高等官連が揃って一堂に會食した。誰しも鬚髯《しゅぜん》の持主には經験のあることだが、大臣寇準閣下が吸物を啜った拍子に、その鬚にお汁がくっついて、折角の美髯が汚れてしまった。これを眺めた参政丁謂は早速起ってみづからお鬚を拂って差上げたのである。お礼をいふかと思ひのほか、これはしたり、大臣は容を正していった。君はいやしくも執政の身分ではありませんか。それにも拘《かかわ》らずみづから宰相のために鬚を拂ふとは一體何事です！

丁謂は實に顔を上げることができなかった。

人情に通ずる日本の一部官僚諸君は、寇準の詰責はそりゃ表面のことで、腹の中では、やっぱり喜んだのさと、観破したか、それとも、準の野暮より気の利いた丁謂のやり方に共鳴

したか。その辺は宋名臣言行録を愛讀したといふ伊藤博文公にでも聞くべしだ。ひょっとしたら伊藤公あたりから新たに輸入でもしたかな。いやそんなことは後人の私には分らぬ。A君にでも聞かう。

（大正十年）

方外の交

春浅き夜を静かに雨の音が聞える。

京阪より道を愛する人々の新たに青松社の盟を結ぶとの報をえた。私は限りなき静歓に溢れながら、しめやかにこの心を語らうと思ふ。


今日全國に分布せる各宗佛寺のうち、比較的民衆に縁の深い日蓮宗・真宗・禅三派・浄土宗・真言宗の寺数を総計すれば六萬五千を超えよう。私の記憶するところでは、我が國の胴腹ともいふべき関東・東海・東山・北陸・近畿・中國おしなべて一ケ寺について人口七八百くらいにあたる筈である。

どこの村落にも小学校とともに必ず寺院が存在する。

しかるにこれらの寺院及びその中に住する僧侶と在家の人々との間には今日果してどれだ

けの精神的交渉があるであらうか。せいぜい老婆・子守たちの遊び所か、村人の何かに俗事を談合する都合のいい貸席ぐらゐに留まってゐる。西洋の教會に較べても日本の寺院はあまりに無為無能である。といって別段私はここに寺院利用法を論じようとするのではない。しめやかな雨の今宵、私の語らうとするのはもっとしみじみとした悠なる話である。

昔から私たちの先人はみな出家沙門を礼敬し、その風格、その生活を慕ひ懐しんできた。表面上竟《つい》に出家と相容れなかった儒家の人々も、内面的にはいかにその掬《きく》すべき風韵《ふういん》を汲んだことであらう。何が故にしかるかを考へたい。

出家とは在来一切の所有を棄て、乾坤無住《けんこんむじゅう》にして、三衣一鉢に飄々と遊行する大自在底の行者をいふ。かゝる行者の心は大海のごとくにして一切衆生を包容するをその本質とする。古来出家が一釋氏を唱ふるは實にこの消息を表すのである。

これに反して在家の衆生はすべて形骸に限られたる狭き個我の生活をなすものである。しかしながらかくのごときは深き哲學的考察より観て要するに第三義仮現（権現）の生活であって、一段深高なる第二義生活は人々相互の「敬」「愛」の徳にみるごとき個我相對してし

かも個我を没する優なる世界を啓き、更に幽玄なる第一義諦の世界は、一切の矛盾相對を絶したる円融無礙《えんずうむげ》の涅槃の風光を開展する。先人が拈弄《ねんろう》した一といひ、中といひ、無といふごとき、近くは無限と称し、絶對自由と唱ふるもの、みな如是の第一義諦を意味するもので、これを徴表するものがすなはち出家である。

故に在家の凡夫凡婦が出家を礼敬し、その風韵、その生活を慕ひ懐しむのは畢竟《ひっきょう》出家によって自己本来の面目に接するにほかならぬ。第三義の生活乃至凡夫凡婦の世界においてこそ王侯将相・野人布衣の区別もあり、貴族平民の階級もあるが、第一義の生活乃至出家沙門の世界においては、真に袈裟も朝宗の服に非ず、鉢盂《はつう》も廊廟の器に非ず、何處に敬を致すべき王者もあらう。頂天立地大自在三昧である。

そこで僧侶は常に人格の自由を徴表してをらねばならぬ。僧侶の住する寺院は人間権勢の縁、朱門の熱から離脱した清浄なる壺中の天地でなければならぬ。今の世になほ僧侶あり寺院あるその真意義は實にこゝに求むべきであらうと思ふ。殊に生存競争の烈しく、人間の機械化の凄じい都會地において一層その痛切なる意義を覚える。

遙かに往古釋尊が波羅門に反抗して新宗教を宣伝した真相を認得せよ。釋尊の覺悟は當時

の無意義なる階級制度、荒涼たる奴隷生活より人間を解放せんがためではなかったか。當時の堕落波羅門こそは、貴族とはたゞ精神界においてのみ仮りに許さるべき語なるを忘れ、みづから貴族としてそのいはゆる賤奴と蔑する階級の女と交はり、その本分の戒行を失って、あさましくも豺狼《さいろう》のごとく現世の財寶を貪ってゐたのである。

　これに敢然として反抗せし釋尊の意気と修養とはまさに法孫たる僧侶の現代において是非とも有せねばならぬものである。しかるにその實状は果して如何。

　朝宗の服に非ずとまで任じた袈裟は、今日賣法の商標とまでなってゐないのであらうか。自由の聖境として一切の権勢を拒否した寺院は、現に真理を逃避する兎窟となってゐないであらうか。

　一度堕俗した僧侶は今や俗人の後を逐うて議會に参政権を要求するに至った。私は彼らの説に首肯する。そして愁然としてその窮境を哭《こく》せざるをえない。

　僧侶よ、何ぞ起って人間最高の世界を表徴しないのか。

　かくのごとき苦言は私が實に僧を愛し、深く僧に期待するところある衷情より試みるので

ある。私は熱烈真率な心情と、幽玄深邃《しんすい》な思索とを以て、一に人格の自由を體現せんとする東洋精神の新たなる振興を希求して起てる一人の行者である。しかも今や私の歩む道はゆく人も稀で淋しい。この時にあたりて私の最も懐しみ且つ期待するは所在に発見さるゝ僧家である。僧家こそは私の希求を成就する最も有力なる行者でなければならぬ。彼らはなほ蘭若《らんにゃ》に住し法衣を纒《まと》うてゐる。そこには近代物質生活の荒波も在家のごとく押寄せず、固有の學問も比較的多く保存されてきた。東洋精神の新興は是非ともこゝより光釆を煥発せねばならない。その第一歩としてまづ「東洋氣分」を豊かに保ってほしいと思ふ。

およそ俗には俗の氣分があり、僧には僧の氣分があり、これを大にしては東洋と西洋とそれぞれ気分を異にする。この氣分を一向重視しない人が多いが、私はこれを非常に大切に考へてゐる。一體氣分とは學問的に思索せられた眞理でもなければ、何かの目的からでき上った教條でもない。ある人間・国家・社會の永い生活經驗の中におのづから醸された人格の色調である。概念や言説でなくて、活きた力である。そしていはゆる東洋気分とは一般に東洋民族の間に醞醸《うんじょう》せる獨得の色調で、その最深の基礎は一に熱烈なる人格の自由の體認にある。

ここにその氣分を表はす二、三の、とくに私が現代にあって希求する特徴を説與しよう。

その一つは懶い（ものうい）といふ氣分である。

もちろん、懦《だ》夫の疎懶《そらん》と混同されてはならない。ことにいはゆる「ものうい」とは、俗事にものうい、すなはち世俗的功利、卑劣なる利害打算にものういことを意味する。その反對はまさに悪い意味における目から鼻へ抜けることである。多くの人間が利欲のためにはいかに機敏に立ち廻るかをみよ。それはあたかも利欲といふ統一原理の下に油の続くかぎり旋転してやまぬ器械をみると一般である。文明は我らを駆って機械化せしむるか！　とは現に目覺めたる人間の社會に対する呪咀の声であるが、更に天の声は響く、盲ひたる人間は自ら機械たらんとするかと。

しかしながらかくのごときは第三義の功利的生活を営む民衆にとって實に避けがたい現象であるが、獨り幸ひに出家（廣くいへば宗教家）の在るあって、人間に第一義の自由生活を啓示してゐる。

出家沙門こそは低級なる利害打算、功名富貴の功利的生活を排脱して、雲のごとく水のごとく自由なるべき人格生活を代表する者である。彼には腰を折っていふところの貴人を迎ふ

る必要もない。また叩頭《こうとう》して朱門の熱に附く必要もない。人はみな彼の前において平等であり、彼は人とともに智慧の光に住む。

故に彼を外面的にみれば、その生活は悠久である。静閑である。これを彼よりいへばすべて塵中の奔走にはものうい。

世事悠々たり
山丘に如かず
青松日を蔽ひ
澗碧《かんぺき》長く流る
山雲暮に當り
夜月鈎《かぎ》と為る
藤蘿《とうら》の下に臥して
塊石頭に枕とす
天子に朝せず

豈に王侯を羨まん
生死慮る無し
更にまた何をか愁へん
水月形無し
われ常に只寧《やす》し
萬法皆爾り
もと自ら無生
兀然《こつぜん》として無事に坐すれば
春来って草自ら青し

とは懶瓚の詩である。衣冠束帯して蹁躚《へんせん》せる義に入るよりは洟《はな》を啜って焼芋を噛《かじ》ってゐる心安さ、浄財を寄進しても格別礼すらいはぬ腹の太さ、そこが出家の有難いところと私は嬉しくてならない。どうか世間のことは懶くてあってほしい。

今の世はあまりに眩暈《まぶ》しくなってきた。いづこをみても人間は馬鹿にそは〳〵してゐる。

頭が先になって歩いてゐる。すべて詰らぬことにその通りである。せめて出家だけでも悠然と構へてゐてもらひたい。それは人類一般の神経衰弱を治癒する效《こう》がある。

なに大臣が来ようが、富豪が来ようが、汚い心でのさばってくる輩は迎へてやる必要もない。勝手に拝んで、勝手に金を投げて帰ればよいのである。管長になるのも面倒な、まして選挙運動などとはとても堪へられぬといふやうな疎懶な出家こそ、民衆の最も懐しむところである。

在家の私たちはせめて月の中一日でもさういふ懶け坊さまと、たとへ口を利かないでもよい、一緒になまけてゐたいものである。そのときこそ魂は最も静かなる悦びに溢れる。私たち東洋の先人がもってゐた「方外の交」とはかくのごとき消息を指していふのである。

この「懶《ものう》い」といふ氣分を少し斜めにみると「傲《ごう》」となる。傲といふことも決して空疎な人間・怯懦な人間が他を威壓《いあつ》し軽蔑することによって自己の優越を感ぜんとする迷妄ではない。

いかなる外的壓迫にも屈せずして、真に人格の自由を保たんとする反抗である。

誤れる傲は玉楼香車の奥にあらう。大礼服の影にあらう。しかし真の傲は茅屋の下にもある。裸一貫の前にもある。私がかつて「白蓮青松何処に在りや」を書いたのは主としてこれを語りたかったのである。

小島の主等がと奮ひし日蓮の傲を思へ、ウォルムスにおけるルーテルの傲を思へ。玄明が慶賀した時頼の寄進越前六條の地三千貫も何が故に道元禅師の怒を買ったか。善男善女が捧げた一握りの米に無量の感謝を覚えた者でなければ、その怒りを解することはできないであらう。しかるに現代の俗僧は余りに謙遜すぎる。(もちろん悪い意味において)否、汚な過ぎる。もっときかぬ気の和尚が澤山我が國の宗教界にをればどんなに心強いことであらう。私たちはさういふ和尚と一緒に炒豆を嚙ってでも世間の癪に障る事どもを痛論したいと思ふ。日本の志士にこの氣分がなかったなら、あの多感な佛蘭西の志士ポール・リシャルも、あれほど日本を愛さなかったに相違ない。ケーベルが根本通明に服したのも、翁の有する如是の氣分が然らしめたのである。

その他になほ私は東洋氣分の大切な一として「優游」すなはち物と游ぶことをも擧げてお

きたい。物と游ぶとは自己が美の境地に帰すること、詳しくいへば物を慾望の對象として観ないことである。花を手折らんとする心はすでに狼藉である。自然のままの姿を賞づる心をこそ美といふ。美の境においては物と我とともに生き、ともに悠久である。

六一居士の心境では、書巻も琴も徳利も居士その人の一物であるとともに、また一人格になってゐる。周茂叔の悟境では、窓前の草も吾が性と一般である。「幽潜」の至りではないか。そしてこれこそ実にあらゆる哲學宗教の極致であることを信ずる。

殊に東洋人はよく自然と游ぶ。自然と融会し合一する。西洋人の自然を愛するは未だ涅槃遊楽の妙味がないやうに思ふが、東洋人は自然とともに生きることによって最大の救済をうる。そして僧は常に最も親しい自然の味識者であった。今の僧もこの點において古人に劣らぬ自然の子であってほしい。そしてその寺院にもできるだけ自然をとり入れてほしい。我々はそこにおいて一宵の清話に十年無限不平のことを忘れたいと思ふ。

大智和尚の詩に私の愛誦するこんなのがある。

名韁《めいきょう》（きづな）利鎖《りさ》留むれども住《とど》まらず

晦跡す煙霞水石の中
折脚鐺兒《せっきゃくそう》に野菜を煮る
住山自ら效ふ古人の風に

永平の祖師が山を戀しがられた詩にも好きなのがあるが、割愛しておかう。

今日在家の人々の生活は著しく荒んでゐる。ゲーテであったと思ふ、星斗の輝く空を仰いでも何らの感激を覺えぬ人間はもはや堕落しきった人間であるといったが、心情を虐げられ人格の化石し出した現代人は甚しく自然と人間、それから人間同志の間まで無感激になってきつつある。この際私は東洋人のために切に佛教徒の自覺を呼号する。在家の私たちからいふ言葉も僧侶は真に佛が言はしめられるものとして反省してもらひたい。

そして豊かなる東洋氣分の中に僧侶の悠なる交游を起したいと思ふ。

いはゆる僧伽《そうぎゃ》は決して出家の團體のみではない。佛を懷く出家の行者・在家の信者もろともの集ひを指すのである。この「佛を懷く」ことが一番肝腎の點であるが、今日では或はか

へって在家に如是《によぜ》の人々が多くはあるまいか。しかしながらやはりその中心は出家でなければならない。周茂叔が佛印和尚を推した意を私はしみじみと思ふ。

先だって渡支して祖跡を礼拝し来った京都山科の素道和尚を中心に、京阪の篤道の士が集まって、一は佛印等の青松社を偲び、一は永興寺の松林を愛して、ここに青松社を結び、暇があるごとに誠の人らしく懶《なま》け傲《おご》り游んでゆかうとすることにしたとの報は、近来私の快心事である。愚昧な私はいはゆる高遠な事業を青松社の諸賢に希望はしない。ただ前述の點においても床しい先蹤《せんしょう》を開いていってもらひたいと思ふ。

（大正十一年二月）

閑人不閑

草堂夜話

学者・政客・大学生甲・乙らの対話

熊笹の生ひ茂った林の中のささやかな草堂から熱した声音が洩れる。燈の影も秋らしく冴えて、窓外の芭蕉の潤《ひろ》い葉に涼しい光を投げ、草堂を壓するようにそそり立つ松の老樹の梢にきらりと星が輝いてゐる。

甲　日本は今實に馬鹿にされてると思ふんです。ね、さうぢゃありませんか。政府はそいつが何ともないんですかね。外國から馬鹿にされるばかりぢゃない。國内の馬鹿どもからまで侮辱されてゐる。このごろ主義者らの図々しさ加減ったらどうです。

學　全く、それといふのも元来國民がみづから侮りみづから瀆《とく》す生活をしてゐて平氣だからだ。中原の師・仁義を主と為す、仁義既になし、四夷来り侮る……

甲　そりゃ詩ですか。

學　ウム、中原吟、邵康節《しようこうせつ》先生だ。昨日の他人事は今日のわが事、何ともしかたのない運り合せだね。

甲　邵康節といふ先生はやはり儒者ですか。

學　ただの儒者ではありません。英雄首を回らせば即ち神仙といふ概がありますね。非常に達識のある、そして神祕的な學者です。やはり儒流には相違ありませんがね。

乙　（もどかしさうに）我々は貧乏ぐらい構ひません。しかし侮辱は、侮辱は断じて辛抱できません。かうなりゃ何でもよいです、胸のすくやうなことをやらかさぬと我慢ができぬ。僕らには力があります。腕力・暴力でもよい。そして僕らは純真です、正直です。屁理窟は分らぬが、善悪邪正はちゃんと心得てゐます。

政治家は寡黙な頭を傾けて静かにうなづいてゐる。學者はちらとその樸《ぼく》實な顔に眼を移した。他の學生甲はぼんやり山水の軸を眺めてゐる。

政　（一しきり椅子を進めながら）實際青年は命より外に持ってゐるものはないんですからね、随分何でもしでかしますよ。そこへゆくと役人なんてから意気地がありやしない。十年も

役人をやると大抵馬鹿になりますね。

學　弱くなることは事實だ。

甲　みんな秀才なんですがね。

學　秀才?!　さう、確かに秀才ですね。しかしそこが問題だ。秀才の頭といふものは實をいふと甚しく悟性的 verstaendlich で、きびきびしてゐるが深くはない。真の理性的 vernuenftig ではない。そこでよく理論には通ずるが、道を解せぬ。

乙　全く今の青年は恐ろしく世慣れてゐますね。お恥づかしい話ですが、我々大學生仲間がすでにさうです。みんなもう人の鼻息を窺ふことなんか実に巧いんです。馬鹿に肌障りはよいんですが、ちっとも恃《たの》みにはなりません。

學　さうでせう、人間がもっとどっしりしてこなければ本當の智慧は出ません。本當の智慧が出てくれば断行の勇も起ります。今のところ秀才が多いのに拘らず、すべて偽の生活です。

政　断、断、断、それが一番肝腎ですな、それさへあれば、なあにわけなく改革の實は挙がるんですよ。當局が本當に誠意を以て我々の意見を聴き、また我々に頼んでくれれば、随分命も

惜しくないんだが、肝腎の問題になるとからっきし話が分らないものだから、しかたなしに横車を押さねばならぬことになるんです。とにかく世の中は道理が通らんのですからね。通るのは金か拳固でさ。先方が資本主義でくるなら、反抗者は團体的暴力で脅迫しますよ。「騒げよ、然らば與へられん」といふのが近頃のモットーですからな、ハヽヽヽ……

……

學　その通り、隨分偽党が出来ますね。これらが煽動家となって國民的政治運動とかを起すのだから、いつどこの堤を壊して氾濫するか知れたものではない。しかしやはり結局正しい者が残るには相違ないが、その間に惜しむべき犠牲をみることがある。志士仁人の悲しむべき世の中になった。

乙　政党の首領とか何とかいふ人々の間に風雲を捲《ま》く人はゐないものですかね。

學　出てくるはずなんですがね。それがどこから出てきますか全く分りませんね。今日の政党首領なんていふものは、人を率ゐてゆく先覺者ではなくて、群集に胴上げせられて、人氣を保つに汲々たる者ですからね。あまり先が見えたり、正しかったりすると、よくないのでせう。

政　真剣味！　真剣味がほしいですね、役人なんかも、少しは裸になって飛び出してくれればよいんだ。

甲　みんなさうしたいと思ってるんではないでせうか。しかしさうすると忽ち生活不安といふ問題にぶっつかるので、ついそれに負けるのでせう。實際理想家は經濟関係の人生における根本的意味を忘れて、いたづらに理想を説くのですものね。殊に東洋では特にそれが酷いではありませんか、先生。

學　みんなさういひますね。しかしあなた方そこはよほど確かに考へねばなりませんよ。いかにも人生において經濟生活の根本たることは勿論ですが、それがいつでも先決問題だと考へては非常に危い。自分といふものを暫く度外に附して大衆を考へるとき、先の考へは至極當然です。けれどもそれがひとたび自己の問題となれば、單にそれだけでは濟まされないはずです。大衆を内容とするとき王道も民の衣食を足らしむることを第一着手としてゐます。東洋でもこの點では決して經濟生活を無視するものではありません。たゞ後の場合、自己も大衆と同じに、大衆の蔭にまんまと自己を紛れこまして、まづ十分腹を肥さねば道徳も宗教もあったものかといふのでは、未来永遠人間世界に光明は射さないでせう。

東洋ではここを特に愁ふるのです。今の人はこの問題を甚しく錯《あやま》ってはゐないでせうか。つまり孟子もいふように、単なる生を好むか、好むところ生より甚しいものあるか、この別が現代人にはっきり自覺できないのです。否、一般がうつら〱と単なる生に彷徨してゐるのです。そして制度には恐ろしく目が光ってきたが心眼がすっかり潰れてしまった。

乙　四十餘年睡夢の中
　而今醒眼始めて朦朧
　知らず日已に亭午を過ぐるを
　起って高楼に向って暁鐘を撞《つ》く
　先生、陽明先生の詩がどうやらしんみり分る気がします。

學　そこです。あなたの良知が次第に明らかになってゆくところです。日本全體が今實に始めて朦朧たるところではありますまいか。

乙　愉快です。

甲　世の中といふものは實に變なものですね。

政　何でもよい、亂だ、我れ亂を好む。

學　あまり亂を好んでは危い。……秋になりましたね。蟲の音が身に浸みる。秋はよい。萬物迥然《けいぜん》として真吾を現ずる。さや〳〵と芭蕉の葉が揺れた。

甲　燈りを消してみませうか。

声に應じて水のやうに月が座に流れた。卓を囲んで沈黙が續く。夜はもう十時であらう。

王法と佛法

禅僧と居士

僧　いゝわしはまあわしだけを濟《すく》ひうる。小僧どもの面倒をみて、静かにかうしてをれば不思議に腹も立たぬ。淡いものぢゃが堕落かも知れぬな。しかしわしの一事もなさぬのは今どきの坊主の百事をなすよりも罪滅ぼしだと思っとる。

居　そんなものだらう。

市街からやや入りこんだ涼しい樹立のなかに、本堂とは関係なく一棟の庵室がある。夕日を送る蜩《ひぐらし》が一しきり鳴きたてた後で、急に四邊が薄暗くなってきた。長い竿にとりもちをつけて駆け廻ってゐた子供の姿も、一人減り二人減って、本堂の方から賽銭を投げ入れた音がかすかに響く。

僧　久しぶりで一緒に湯豆腐でもやるか。

居　御馳走にならう。

和尚は煙管をポンと抛り出して縁傳ひにのそりと出かけていった。膝を崩して後の床を肩越しに眺めると、白隠物らしい達磨がくゎっと眼を剝《む》いてゐる。そこへつかつかと一人の小僧がお膳を運んできて、兎のやうに跳ね返っていった。後から十八九の生意気さうな青道心が、湯豆腐の鍋を提げてくる。

僧　何もないが、ぼつぼつ始めるか。

居　…………

　　近頃は小僧らしい小僧が少くなったね。

僧　ウム

居　素直でない、質実でない。いやに化粧してをる。文明の靡爛《びらん》は恐ろしいものだな。

僧　まことぢゃ。近頃の人間は何だか妖素から出来とる。人素が乏しいて。

居　妖素は堪らんね。ハヽヽヽ

しかし坊主までその妖素に冒されたんでは濟度するものがないぢゃないか。

僧　あんたは今の坊主社會にも綱紀粛清・人間整理をやれといふのか。

居　必ずしもさうではない。たゞもはや山雨来らんと欲するときだと思うてをる。坊主の沈滞も極まってをりゃせんか。或る意味において衆生を濟度すべき坊主が、衆生の濟度を偏へに哀願してをる為體《ていたらく》ともいへる。ちかごろ彼らも生活問題とか、性の問題とか、参政権取得などにはきつく熱心のようだ。大切なところを勘違ひしてはをらぬかな?

僧　なあに、坊主根性牛根性といふわい。

敢て断言するがね、道を學ぶ者は天を知らねばならぬ。ささやかな迷執は卑しい。愚人どもは修羅の妄執でな、ここんところが分らぬのぢゃ。そこでどたん場に打突《ぶっ》かるまでまあまあで自他を誤魔化して濟ましとる。そしてさあとなって狼狽するのが常ぢゃ。また思ひきりの悪い奴は何とかできるだけ現状を弥縫《びほう》して一時逃れをやってゆかうとする。まづ

は溺死の病人に注射するやうなもので、結局がっくり逝く。況んや溺死の病人を若返らさうと考へるのは大間違ぢゃ。何のために人間に親子兄弟朋友があるのか。遷化の理法を解せぬと困る。今の堕落仲間はそれで遷化するさ。やがて獅子児が次に現れるから、それが見物ぢゃ。王法も如是だらう。

居　いかにも我が意をえた。王法も今は緩怠至極、五ケ條の御誓文に人心をして倦《う》まざらしめんことを要すとあるが、あれは實に政道の要諦を道破してをる。生々これを易といふ。易理より觀て今が最も重苦しいときだらう。綱紀振粛とか、財政整理とか、節約奨励とか、奢侈《しゃし》品に重税を課するとか、時間励行、パスの取上げ、みな結構であるが、如何せん今日かくのごとき陰爻《いんこう》はます〱人心を倦ましめて、變化を要望せしめる。全く迷執をたって獅子児の跳躍を注視する必要があるね。

僧　物情の不穏は考へやうによっては憂ひこの上もないが、達觀すれば這裡《しゃり》に佛の大慈大悲がある。

居　易を按ずるに、日本はまだまだ天行健やかだ。王法萬々歳、佛法も亦興隆するか。

僧　だがの、この分では政策の變動に乗じて宗教界に大壓迫が加はりゃせんかい。わしはど

うも三武一宗の厄のやうなことがあって、そこにかへって佛教が立直されるのぢゃないかと思ふ。

居　そりゃ今からすでに隨分議論がある。たとへば寺院の處置とか僧侶の取締りとか、坊主について僧俗の区別を明らかにすることなども必要である。とにかく民衆の饑《う》ゑた魂と社會の經濟事情とが僧侶界を今のままに置くはずはない。僕らは時々俗人から佛法を教へられてをる名ばかりの僧を見かけるよ。

僧　白衣に法を聴く、悲しむべき顚倒だが、それでよい。

柚味噌の淡泊な夕饗もすんで、黙々と縁に對坐した。いかにもお互ひに閑人らしい。しかし「閑人原是不閑人」といふ湛然居士の言葉もある。かくして二人ともまた夜の勤めに別れ去った。

（大正十一年九月十三日）

齊《せい》東《とう》野《や》語《ご》

甲　近頃の哲學や政治學の書物にもうんざりするわい。気の長かったときは一々尤もと感服して讀めもしたが、この頃は気が短くなったのか、とんと厭になった――なんぼ科學とことはられてもね。

乙　全く、概念のブリキ細工ぢゃね。

甲　學問ばかりぢゃない。人間も何だか近頃の若い奴は概念の幽霊みたやうな奴ばかりだ。肝腎の魂をどこやらへ忘れ参り候とでもいひそうな顔をしてをる。實につまらん。普遍妥當性々々々々々といってゐる間に、彼らの魂まで捨象されてしまったんだらう。木でいふと、彼らは松でも梅でもない。木といふ奴なんだ。朦朧たること夥《おびただ》しい。

乙　とくに女性がよくその傾向を現してゐるやうだね。どうも近頃の女には梅や菊のやうな芳烈がない。みんなチューリップかヒアシンスか知らんが、似たり寄ったりの草花だ。日

本の女もこれからは松子や梅子なんていふ名を廃して、コスモスとかアネモネとつけるかな。子供も何だかセルロイドのおどけた人形に似てきたやうだ。

甲　ハッハッハ、……パパマンマ党の子倅どもは皆いかんね。

乙　ウム、パパマンマで育った奴に童話を讀まして、いい加減おどけた時分にまた小説が讀まれる。この小説なる奴が生活の屑ばかり食って健康を損ねたものだ。そこで彼らにもみな病氣が傳染する。大抵の男が一人の女をもてあますか、性の悩みに悶えると、もうお先真暗である。簡単なものだ。

甲　けれども、何もかも忘れて女に夢中になれるのは幸福かも知れぬぞ。いろいろと苦心して首尾よく女の歓心をかち得るところなんか、なかなか一方ならぬ技巧が要る。或は正に一生の大事業かも知れぬて。

乙　平に御免だな、女を得るのに千辛萬苦の技巧を弄するなんか。どんな気に入った女だとて、そんなに手間暇がかかるなら御免蒙るよ。一目できまるやうな戀でなくちゃ先づあきらめるね。今の知識階級なんて奴は戀まで科學化しないとすまないのだ。そんなのは頭が悪いどころではない、どだい人間がまづいのだ。東洋人には直観が発達してゐる。一目で

澤山、文句も一切要らぬ。

甲　しかしそんな女がをるものかな。

乙　をるどころではない。元来をらなきゃならないのだ。ただ滅多に出遇はないから始末がいい。出遇ふとまた面倒ぢゃないか。

甲　さう面倒くさくても困るな。

乙　だって、戀が萬事ならよいが、戀よりほかに大事が澤山あるのだからね、なるべく事は少い方が楽だよ。

甲　そんなに消極的ではいかん。明頭来也明頭打、暗頭来也暗頭打、四方八面来也旋風打と縦横無碍《むげ》に威を震はぬといかん。

乙　それもよいが、またつまらん。何をしても畢竟するに僕はつまらん。

甲　じゃ清談して過すか。

乙　それもつまらん。

甲　讀書して暮らすか。

乙　それもつまらん。

甲　何が一番よいんだ？

乙　何もしないでぼんやりしてるのが一番よささうだ、坐忘とでもこじつけるかな。

甲　さういへばさうだね。

乙　さうだが、社會の情勢がさうさしておかぬ。といって無暗にがさごそ動くわけにも参らぬ。一體我々は他人ほど単純にものに熱することができない。

甲　いやそこがよいのだ。實質が大きいから、さう容易に熱がまはらないんだ。その代りにいよ〳〵熱したらなかなか冷めない。湯沸しは澤山あるさ。九鼎大呂的人物が必要だ。

乙　我々は鼎の鎮するものかな。ハッハッハ己惚《うぬぼ》れたね。その實、足一本ぐらい折れた鼎かも知れぬ。要心々々。

（大正・年月不詳）

悲《ひ》哉《さい》行《こう》

先日十数名の學生が集まって讀書洗心會の例會を開いたとき、輪番に當ってゐた一生が白楽天の諷諭《ふうゆ》詩五首を擇んで講ずることになった。彼はまづ悲哉行の原詩を列座の者に配って朗詠し出した。

悲哉為儒者　悲しいかな儒者たるや
力學不知疲　力學疲るるを知らず
讀書眼欲暗　書を讀んで眼暗からんとす
秉筆手生胝　筆を秉《と》って手に胝《たこ》を生ず
十上方一第　十たび上って一第に方《あた》り
成名常苦遲　名を成す常にはなはだ遲し

縦有宦達者　たとへ宦達《かんたつ》する者あるも
両鬢已成絲　両鬢《りょうびん》すでに絲と成る
可憐少壮日　憐むべし少壮の日
適在窮賤時　まさに窮賤の時にあり

感嘆して机を叩く者がある。彼は讀みつづけた。

丈夫老且病　丈夫老い且つ病む
焉用富貴為　いづくんぞ富貴を用ふるを為さん
沈々朱門宅　沈々たる朱門の宅
中有乳臭児　中に乳臭児あり
状貌如婦人　状貌婦人の如し

一同覺えず笑ふ。彼昂然《こうぜん》として続ける。

光明膏粱肌　　光明膏粱《こうりょう》の肌
手不把書巻　　手に書巻を把らず
身不擐戎衣　　身に戎衣《じゅうい》を擐《つ》けず
二十襲封爵　　二十封爵を襲《つ》ぎ
門承勲戚資　　門　勲戚《くんせき》の資を承《う》く
春来日々出　　春来日々出づ
服御何輕肥　　服御《ふくぎょ》何ぞ輕肥なる
朝従博徒飲　　朝に博徒の飲に従ひ
暮有娼樓期　　暮に娼樓の期有り

その通りだ〳〵とみな犇《ひしめ》き合ふ。

平封還酒債　　封をへらして酒債を還し

堆金選娥眉　　堆金《たいきん》娥眉《がび》を選ぶ
聲色狗馬外　　聲色狗馬《くば》の外
其餘一無知　　其の餘一も知る無し

一同笑ふ。讀む者も亦笑ふ。

山苗與澗松　　山苗と澗松《かんしょう》と
地勢隨高卑　　地勢高卑に隨ふ
古来無奈何　　古来奈何《いかん》ともするなし
非君獨傷悲　　君獨り傷悲するのみに非ず

讀み終って彼は左右を顧眄《こべん》した。一同はもはや古詩を讀んでゐるのではない。彼らの胸には現代の實状に触発して頗る穏やかならぬ感慨が濛々として騰《あが》ってきてゐる。それから一同の間には喧々囂々《けんけんごうごう》として平生の社會的不満が論じ交された。夢中になって議論してゐる學生の

間にあって沈黙せる私は更により深い感慨をえた。この詩の諷刺する現代的内容も私は一同よりずっと深く廣く知ってゐる。しかしそれよりも感ずることは、白楽天は山苗と澗松と、地勢高卑に隨ふ、古来奈何ともするなし、君が獨り傷悲するのみにあらずといってゐるが、今の元気な連中はもうそんなおとなしいことを考へてゐない。この事實を山苗と澗松といふやうに客観的に諦めることはできない。それにはあまりに主観的であり、あまりに激越した現代である。自然を欲するままに變へる人力を恃む現代人は、人間界をも「地勢」のままに棄てておかぬ。彼らは今やみな手に唾して功名富貴を奪はうと熱中してゐる。是非もない現象である。左傾思想とか右傾思想とかを形式的・概念的に考へてばかりゐては、とんでもない迂愚といはねばならぬ。『武韜《ぶとう》発啓』にも「天下を取る者は野獣を逐《お》ふがごとし。天下皆肉を分つの志あり」といってゐる。ナポレオンの口吻《こうふん》を借りていへば、革命とはすべて未だ持たぬものがすでに持てるものから奪はうとするのである。この事實をよく呑込んでやらぬと、小人は利に殉じ、學者は理に死するに終って、終にまた永久の禍を遺すことにならう。一夕の例會にもつねに浅からぬ人生の理趣が味はれるのである。

（大正・年月不詳）

鄭板橋と竹石

うららかな朝の窓に、淡い燈火の下に、鄭板橋の竹色平安の図などを細かに觀てゐると、藝術の尊さがしみじみと味はれる。

久しい間、私は板橋（名は燮《しよう》、字克柔）の人物について何らの好意も持つてゐなかつた。もちろん板橋その人の性格や生活について考へてみたこともなかつたのである。ただ漠然と彼をいはゆる藝術家にありがちな放曠《こう》不《ふ》羈《き》な人間のやうに思ひこんでゐた。ところが讀書の間に段々年を閲して、それだけいくらかづつ思想學問の深まるにつれて、古拙とか樸拙とかいつたやうな味がいたく私の心を惹きつけるやうになつた。それとともに私の感興も亦深い思索をもつて、さういふ趣味が流れ出る源泉ともいふべき人格生活の多様性に向けられるやうになつたのである。

たしか一昨年であつたと思ふ。暮の寒い夜、サラ〳〵と窓の南天の葉にかかる雪の音を懷

しみながら、折から訪ねてきた友と炬燵《こたつ》を囲んで板橋の全集を讀んだことがあった。そのとき、始めて私は彼の人格や生活にいふべからざる感興を覺えた。そして今までの無理解を内心耻づかしく思った。

世間の人も恐らく大抵はこれまでの私と同じく、彼をたゞ乾隆朝における書畫の大家ぐらいにしか思ってゐまい。范県や濰県の地方官をしてゐても、始終酒ばかり飲んで世事を意とせず、到頭俗界を追はれて藝術に嘯傲《しようごう》した風變りの藝術家としか思ってゐまい。けれども彼はさういふ世人が到底企て及ばないやうな床しい心境を開いてゐた人である。彼は世間あらゆる辛酸を嘗め盡して、その間に濃《こ》まやかな、もう浮立つこともない、しっとりとした情操を涵養《かんよう》することができた。そしてあたかも月の光が萬象を照すごとく、自然をその幽情に溶解したのである。彼の藝術、彼の生活はまことに深い生命内奥の拜殿に額づいてゐる。

現代のやうにとかく機械的な、殺風景な人間生活の間にあって、彼のやうな人物を思ひ出すことが、すでに私たちの胸に無限の情懷を與へる。

彼のやうに毎日酒杯を傾けて官を意とせず、落魄しても逸宕《いっとう》の気少しも衰へなかった人に、乳母詩といふ可憐な追憶の詩がある。

彼の語るところによると、彼は四歳のとき母を亡くして、それから祖母と乳母の費氏とに育てられた。ちょうどそのとき家は貧乏で、彼女は他所へ働きに出て、そして彼の家の仕事を助けてくれた。朝起きると、彼女は彼を背におんぶして、市へ出かけ、一銭出して煎餅を買っては背中の彼に持たせておいて仕事をした。そして何か美味《うま》いものがあると、必ず先づ彼に食べさせて、それから彼女の家族に分けた。そのうちにも貧乏がひどくなって、彼女の夫は到頭どこかへ移る相談をした。彼女は何もいはないで、泣きながら毎日々々彼の祖母の古い着物を洗濯したり、縫ひ張りをし、水甕《がめ》に水を汲み貯め、竈《かまど》の下にも薪を積んでおいて、四五日たってから到頭ゐなくなった。

いつものやうに朝起きて彼が乳母の室にはいると、彼女はもうゐなかった。そしていつも彼女が彼に御飯を食べさせてくれた釜には、出がけに焚いていったとみえて、まだ温い御飯もおかずもあった。彼は小供心にも悲しさのあまり、その日は御飯がたべられなかった。

三年の後に彼女はまた帰ってきた。そして彼の祖母を世話するかたはら、以前にもまして彼を愛した。それから三十年あまりも勤めて七十六で没くなった。その間に彼女の子が官吏になって迎へにきたけれども、彼女は彼と彼の祖母との故に小供のところへ帰らなかった。

彼が進士となったとき、彼女は坊ちゃまは出世なさるし、子供は官吏になるし、もうこれ以上のことはありませんといって喜んでゐた。そして別段病気もしないで没くなった。こんなことを綿々と語って、彼は次のやうな詩を添へてゐる。

平生負ふ所の恩
獨り一乳母のみならず
長恨す富貴遅きを
遂に慚恧《ざんじく》をして久しからしむ
黄泉路迂濶
白髪人老醜
食禄千萬鍾
如《し》かず餅の手に在るに

そのとき余はこれを讀みながら思はず目をしばだたいた。

彼はよほど貧窮し苦労したものとみえて、杜甫の七歌に擬して作った彼の七歌などは、惨として實に讀むに忍びぬものがある。第二歌の中に、

…………
兒昔夜啼いてやまず
阿母病を扶《たす》けて啼くに随って起き
婉轉喚撫《えんてんかんぶ》して兒熟眠す
燈昏く母咳す寒窓のうち
…………

などとあるは、子を持つ親の涙なくして讀みえぬところであらう。第一歌に、

鄭生三十にして一営なし
書を學び剣を學んで皆成らず

市樓酒を飲んで年少を拉《らっ》し
終日鼓を撃ち竽笙を吹く
今年父没して遺書を賣り
剰巻残編看て快からず
爨《さん》下荒涼薪絶えたるを告ぐ
門前剝啄《はくたく》来って債を催《せま》る
ああ一歌、歌*偪側《ふくそく》
皇遽《あわたゞしく》書を讀めども讀むこと得ず

*むねせまること

と歌ってゐる。

しかしながらかくのごとき苦痛に動顛し堕落するは藝術家の恥である。真の芸術家はその間にいよ〱深き人生の情趣を掬《く》む。

彼は世路の生活における冷酷な壓迫から自然の懐に温く抱かれることによって救はれた。そしてその感激を霊妙なる再現の手腕によって躍らせた。殊に蘭や竹や石の描寫《びょうしゃ》においてさ

うであった。東洋人にして蘭や竹や石を好まぬものはあるまい。彼にとって「修竹數竿、石筍數尺」の陋屋《ろうおく》は、「千金萬金かけて園亭を造り」ながら、人生の帰趨《きすう》に迷ってをる者の生活より遙かに自由で多情なものであった。彼はいふ――「風中雨中聲あり。日中月中影有り。詩中酒中情あり。閒中悶中伴有り。唯我竹石を愛するのみならず、即ち竹石亦我を愛するのである。」

そしてその画竹も「師承ではなくして、紅窓粉壁日光月影の中より得るところが多かった。」彼のやうな實生活を思ふと、藝術は物における汝の存在である（Euer Sein in den Dingen）といったやうな名言も、かへってつまらなく思はれる。試みに彼の詩を諷誦してみるがよい。

昨、西湖より爛醉して帰る
沿山密篠、亂れて衣を牽《ひ》く
揺舟すでに下る金沙港
首を回らせば清風翠微に在り

物における汝の存在などといふ説明がいかに冷く響くであらう。真の藝術生活は絶言絶慮である。

春雷一夜新篁《しんこう》を打ち
籜《かは》を解き梢を抽いて萬尺長し
最も愛すあきらかに窓紙の破に方って
亂穿《らんせん》青影禅床を照すを

これは彼が無方上人のために竹を画いて贈った詩であるが、微妙な宇宙生命をかくまで端的に把握しえた彼の心境と藝術には、まことに礼拝すべき或るものがあると思ふ。

彼が常々愛した自己の画に題した詩に、

小院茆堂《ぼうどう》郭門に近し
科頭《かとう》竟日《いちにち》山尊（＝樽）を擁す

夜來葉上蕭々の雨
窓外新に栽ゑし竹數根

といふのがあるが、いかにもよい。彼は始終蘭数十本を種ゑた。そしてこれに憔悴思帰の色を見ると、よくこれを太湖石・黄石の間や、山の陰・石の縫目などに移植した。

春雨春風妙顔を洗ふ
幽情逸韻人間に落つ
而今《じこん》究竟知己無し
烏盆を打破して更に山に入る

とはその破盆蘭花の詩である。彼はまた侶松上人のために荆棘《けいきょく》蘭花を画いた詩に、

荆棘を容れずんば蘭を成さず

外道天魔冷眼に看る
門徑芳有りまた穢《けがれ》有り
始めて知る佛法浩漫々たるを

と詠じてゐる。彼の心境を窺ふに足るではないか。

石についても彼は獨特の妙詣をもってゐた。彼は米元章が石を論じて、瘦《そう》と曰ひ、縐《ちぢみ》と曰ひ、漏と曰ひ、透と曰ったのは石の妙を盡してゐる。しかるにまた東坡は石について文にして醜を說いてゐる。この醜字たる石の千態萬状を悉く生み出すものである。かの米元章はただ好の好たるを知って、陋劣《ろうれつ》の中、至好あるを知らないのである。東坡の胸次は造化の爐冶《ろや》といふべきであらうか、自分の画く石は醜石である。醜にして雄、醜にして秀ーと說いてゐる。膠州の高西園、燕京の圖牧山、江南の李復堂は實に彼の石友であった。そも〳〵彼もいふやうに、介於石、臭如蘭、堅多節はみな易の理で、君子の最も敬愛するところである。觀来ればこの放縱不羈《ほうしょうふき》の文人が實に自ら好むところの石であり、君子の敬愛すべき一人物ではないか。

藝術家はいかに泣くも笑ふもよい。いかに酔ふも罵るも構はぬ。たゞいかなる場合もそのために根本を亂《みだ》ってはならぬ。胸の奥深く湛然として宇宙と通ずる神寂な拝段がなければならぬと思ふ。今の藝術家の多くは餘りに「生活の屑」に自己の全部を漂蕩しはしまいか。

（大正・年月不詳）

老荘思想と現代

現代の文化ならびに生活に對する疑惑と反省とは、もはや少数識者の先憂時代を過ぎて一般的戒心に到達してゐる。創造的意味における真の文化は漸くその根本たる性命を失って、空しい形迹だけに帰さうとし、社會のあらゆる方面が部分的・機械的に解體し固定し、個々の部分をより高い統一に導きつつ分化発展する健全性がない。民衆をみても、愨ろな隣人愛を蘊《つつ》んでゐる山貌野言の民は段々なくなって、お互の間に温い情などはもはや通はなくなったやうな都會群集、新聞雑誌の浮薄な讀者、社會改造運動の對象、キネマ、スポーツ、ラヂオ等のわいわい連ばかりが殖え、いづれも渾厚な人格の統一は破れて支離滅裂である。なるほど智識は盛んになり、聞見はいよいよ廣くなった。しかしその智識や聞見を活かす所以の大切なものが衰へてしまってゐるから、聞見はいよいよ雑に、智識はいよいよ迷ひ、東向いては西を気遣ひ、南向いては北に気兼ねし、大局にも進めず、専門にも徹せず、寄せては返

す思潮に漂流するだけで、もとより深く豊かな情趣などを掬《く》むことはできない。感ずるところはただとりとめのない末梢神經的痙攣である。しかも彼らはその浅露な末梢神經的感情を妙に深刻がり、偉ぶる。そして一様に言はず語らず自分ほど大切なものはない、現實ほど確かなものはない。祖先崇拜などは封建時代のことであり、目に見えぬ子孫のことなどは思ひもよらぬ。不思議な時間・空間の中にたま〳〵現れたこの短い一生、いな刹那々々を享楽すればよいといふ風に決めこんでゐる。彼らにとって家庭も、國家も、學校も、教會も、組合も、法律も、政治も何もかもみな自分を都合よくしてくれるものでなければ偽りである。かくして世を擧ってみな無用に長じ、末淫に耽って、生を知らず、道を知らぬ。

秦人の逢氏に少《わか》くして賢い子があったが、大きくなって不思議な懐疑の病にかかった。彼は歌が哭《こく》に聞える。白が黒に見える。香をかいで臭いといひ、甘いものを甞めて苦いといふ。悪いことをして善いとする。何でもかでもひっくりかへらぬものはない。あるとき楊子が彼の父に告げた。魯の君子は術藝が多いからその病氣も治るかも知れない。どうしてゆかないのかと。そこで彼の父は魯に出かけ、途中陳に寄って老耼《ろうたん》を訪ねてその話をした。ところが老耼は、お前はどうしてわが子が迷ってゐると分るのか。今世の中の人間はみな是非に

惑うて、利害に目が昏《くら》んでゐるのだ。同病ばかりで、はっきりした者はをらぬ。それに、一人の迷では一家は動かぬ。一家の迷では一郷は動かぬ。一郷迷っても一國には冨らぬ。一國迷っても天下が迷ふわけでもない。しかし天下ことごとく迷ったらどうすることもできまい。もし天下の人間をしてみなお前の子のやうな病気にしたならば、汝の方がかへって迷になる。何事にまれどうして正されようか。またわが言も迷でないと保証されぬ。まして魯の君子どもは最も迷ってゐる輩だ。どうして人の迷を解くことなどができるかといった。(列子周穆王篇参考)

秦は文化的に最も未開な國の代表的なものである。その秦人逢氏といひ、少くして賢かったとし、常に文化の先進國とせられる魯の君子を對照に出して術藝多しといひ、終に老子をして例の皮肉諷刺を縦横にさせるあたり、二度三度玩味して、西洋近代文化に對する現代邦人の錯誤妄狂を思ひ、殆んど苦笑させるではないか。

唐の柳宗元は唐宋八大家の一人として儒家の敬愛する人物であるが、彼は最も捉はれぬ自由な思想家であった。彼の種樹郭橐駝《たくだ》之傳に次のやうな話がある。

郭橐駝ははじめ何といふ名であったか分らない。せむしを病んで、せぐくまって歩く恰好

が駱駝《らくだ》に似てゐるので、人がみな駱駝々々と呼んだ。彼はこれを聞いて、そりゃ非常によい。駱駝とはまことに當ってゐるといふので、自分でも左様名のったといふことである。(槖はふくろで、駱駝の恰好からきた異名である。) その郷を豊楽郷といひ、長安の西にあって、彼は植木屋をしてをった。およそ長安の園藝趣味の金持や果物商人はみな争うて彼を珍重したものである。といふのは彼の種ゑる木は或ひは移植しても、つかぬといふことはない。かつ非常に茂って、早く實り、澤山になるのであった。そこで他の植木屋がいろ〳〵研究し模倣してみるが、みな及ばない。或る人がどうしてそんなにうまくできるものかと聞くと、彼は答へた。いや私が能く木をつかせ實らせるわけではない。私はただ木の天に順《したが》ってその性を発揮するに過ぎない(能順木之天以致其性焉爾)。一體植木の性といふものは、その本は舒《の》びやかに、その培ふのは平かに、その土は故《ふる》く、その築は密でありたいもので、さうしておきさへすれば、後は動かすことも気遣ふこともいらぬ。去って復《ま》た顧みないのである。蒔くことは子のごとく、置くことは棄てたやうにすれば、その天なる者は全く、その性も得られる。故に私はその成長を害せぬのみで、能くこれを大いに茂らすのではない。その實るのを抑耗せぬだけで、早くして澤山ならすわけでもない。他の植木屋はさうではないのである。

根は拳して土は易《かわ》り、これを培ふにも過不及がある。さうでなくても可愛がりすぎたり心配しすぎたり、旦《あした》に視て、暮に撫で、去《ゆ》くかと思へばまた顧《かへ》り、甚しいのになると、その膚に爪いれて生枯を験したり、根本を揺《うご》かして疎密を観たりするものであるから、木の性は日に離れるのである。可愛がるといふが實は害《そこな》ってゐるのであり、心配するといふが實は讐《あだ》してゐる。だから私に及ばぬのである。私がまた何を能くしようか。——下略——

この郭某といふ駱駝君のごときは、老荘者流（註）の最も喜ぶ例証的人物である。

註　老荘とは漢代でも殆んど使はれてゐない。黄老といふのが普通である。後漢の末頃から易老とともにこれが使はれるやうになったので、老荘といふも、易老といふも、黄老といふも畢竟同一ではある。

駝の説を假《か》れば人間の真の文化は人の天に順ってその性を完成することでなければならぬ。しかるに人間は常に文化といひながらその實、天に反《そむ》いて性を破ってしまふ。これ老荘者流が最も嫌悪し警告したところである。

愚かなる人間は人間たることが天に由るものであることを忘れて、みづから絶對者・造物

者になりすましてしまふ。人といふ creature であることは忘れて creator であることばかりを考へる。そこで駝の例でいへば、自分が木を植ゑ、つかせ、實らすことを知って、更にもうひとつ奥に、それも實は天が自分をして木を植ゑつかせ實らせたことなのに気がつかない。それを忘れることを「横私」とか「私竊《しせつ》」などといふ。列子楊朱篇にも、身はもとより生の主、物もまた養の主である。その身は全うせねばならぬが、これを有してはならぬ。物は去らないが、これを有してはならぬ。その身・その物を有するのはこれ天下の身と物とを横私するのであって、それは聖人だらう。天下の身と物とを公にするのは至人のことである。此れ之を至々者と謂ふと説いてゐる。人間すべての堕落破滅はこの横私からくる。テオロギア・ゲルマニカに人間の原罪を説いて、アダムが天園の智果を取ったのが悪いのではない。それをわが物としたのが悪かったのである。よし彼が七つの林檎を食べても、それをわが物としなかったら堕落しなかったらうといってゐるのは、前述の思想と符節を合したやうで面白い。

かくして堕落した人間は日に日に天に反き性を離れた。成人的理智を尊ぶことといひ、女性を卑しむことといひ、野蛮を軽んずることといひ、いづれもその好い例である。小供といへ

ば成人はこれを人間のまだ無能力・無価値なときの者のやうに簡単に考へてゐるが、それはナトルプも示教したやうに、数字的零ではなくて、全であり、幾何學的空間であり、可能的無限である。そこには造化の直接性・本原性・純粋性・不可分的全體性があって、その潑剌さは實に成人の企て及ばぬところである。スタンレーホールも、ごく普通に育った児童ならば、大人がものものしい理窟を解するよりずっと夙《はや》くかつ鋭敏に奉公の大義に感奮するものであることを説き、チェムバーレン教授のごときは、人間の児童期において他の動物にはみられぬ人間的特徴が表れてゐるが、成人するにしたがってそれが猿に似てくる。しかし自分はかの特徴がいつか成人においても尊い所有たるに至る時が必ずくることを信ずるといってゐる。成人は母の懐から離れるにつれて生存競争の荒波に揉まれてだんだん狡知になり、利己的・排他的になり、益々慾を俗思に滑《みだ》りながら、憖《なまじ》ひに性を俗學によって繕《おさ》めようとする。（荘子繕性参考）その虚偽はかへって自然的動物にも見劣りするであらう。老子に或ひは「気を専にし柔を致し能く嬰児の如くならんか」（王弼本には如の字がない）といひ、或ひは「嬰児に復帰す」といひ、或ひは我獨り泊《はく》兮として其の未だ兆さゞること嬰児の未だ孩《わら》はざるが如し」（泊は一本怕になり、また魄ともなってをるが、意みな相通ずる。いづれも可能的無限性を表す）

といひ、「我れ獨り人に異にして食を母に求むるを貴ぶ」（一本母に食《やしな》はるゝを貴ぶ）などとあるは不盡の妙味がある。

男性が女性を卑しむのも、女性が柔弱で、男性のやうな功力なく、才智に乏しいからである。そこで婦人解放論者の中には婦人をも男性的に剛強にし、また婦人にも男性に劣らぬ才智を養ひ、男性と同じく社會的活動をさせなければ婦人の屈辱であるやうに考へる者が多く、その可否成敗を喧々囂々論じあってゐる始末である。しかし易にも明らかなやうに、剛柔二徳は相待って宇宙人生を維持する妙所であって、これが優劣を附するなどは造化の理法を解せぬ愚かな沙汰である。それに女にも男と同じやうな社會的訓練を施すならば、女も要するに男と同じ人間であるから、男のできるくらいのことが女にできぬわけはない。婦人職業問題や参政権問題について、そんな能力や成敗の上から可否を論じても實はつまらぬことである。ユーゼンヘッカーはその『婦人参政権運動小史』において、神學的・肉體的・社會的・知識的・道徳的それぞれの立場から婦人の十分な能力を辯証してゐる。けれども婦人の婦人たる所以はそんなところにあるのではない。戦闘的剛強や社會的活動とその能力、功と名、そんなことは男らの本領である。女の関らぬことである。男にとってそれは貴くとも、女にと

って は一向必要のないことである。荘子山木篇にいふ――孰《いず》れか功と名とを去って而して衆人に還し與へんやと。これは婦人の心胸でなければならぬ。婦人の本領は老子にもしばしば雌を説き、玄牝を挙げ、母を称へてゐるところでも明らかなやうに造化そのものの徳を純粋に保持するにある。南海の帝と北海の帝とを款待する渾沌たるにある。(荘子應帝王篇参照)

天下皆我が道大にして不肖に似たりと謂ふ。夫れ唯だ大なり。故に不肖に似る。若し似たらば、久しいかな其の細なるや。我に三寶あり。持して而して之を保す(一本寶而持之或は持而寶之とあり)一に曰く慈、二に曰く倹、三に曰く敢て天下の先とならず、夫れ慈なり、故に能く勇。倹なり故に能く廣。敢て天下の先とならず、故に能く成器の長たり。今慈を舎《お》いて且つ勇に、倹を舎《す》てて且《かつ》廣く、後るるを舎いて且つ先んぜんか死せん。夫れ慈以て戦へば則ち勝つ。以て守れば則ち固し。天将に之を救はんとするは慈を以て之を衛《まも》ればなり。(老子)とは男女の偏見を覺醒する絶好の誡であると思ふ。

成人や男子が児童や婦人に對して大いに悟らねばならぬやうに、文化人も野蛮人に對して深く反省せねばならぬ。浅躁な人間は進化論を聞けば、直ちに軽薄な価値的解釋を下して、生物はだんだん価値的に進化してきたものであり、その最も勝れたものこそ人類で、人類で

は文明人が野蛮人よりいち早く進歩した優秀人種で、その文明人の頂點に位するものが欧米人であると断定した。そして欧米の文化を世界的文化と考へ、彼らの夜郎自大的國家主義 Chauvinism を世界主義と誇称してゐる。しかもその欧米文化に趨拝してさながら邯鄲《かんたん》の歩をなせる異邦人が――日本や支那の文化人も御多分に洩れぬが――いかに多いことであらう。しかるにその文化の頽廃はすでに最初にも一言した通りで、欧羅巴はいま這個《しゃこ》の境地よりいかにして転身し、解脱せんかに腐心してゐるのである。

造化は無限である。造化に絶對の完成はない。一段の完成は一段の偏死である。古今興亡の跡をみて華人夷狄との交渉を察するがよい。永遠の性命・無限の造化より観れば、憖《なまじ》ひの文化はむしろ「附贅懸疣《ふぜいけんゆう》」といふことができる。眞に道を解するものは個人的にも社會的にも常に永遠の性命を純に保持しなければならぬ。無限の造化から離れてはならぬ。老子にいはゆる「抱一無離」の至極の意味はここにある。這個を「素」（教育学者がよく児童性を白紙 Tabula rasa に譬へるが、それは素の意味でなければならぬ。）といひ、「樸」といふ。彫琢《ちょうたく》はつひに樸に帰せねばならぬ。荘子山木にも「已に彫し、已に琢し、還《ま》た樸に反る」といってゐる。同じ意味において老荘家は「愚」を尚《たつと》ぶ。彼らはまた頻《しき》りに「眞」を愛して偽を悪《にく》むが、

眞とは要するに永遠の性命・無限の造化を離れぬ境地で、これを離去するは偽である。能く抱一無離なればすなはち天下無對で、禅家も随處作主立處皆真と説いてゐる。離去するところ、ここに物我分れて、我は物に累せられ、幽明隔絶して、長く生死に惑ひ、一往終に返らぬ迷羊となりをはるのである。列子楊朱篇に遁人と順民を立てていふ。——

生民の休息するを得ざるは四事の為の故なり。一には寿の為なり。二には名の為なり。三には位の為なり。四には貨の為なり。此の四者あり。鬼を畏れ、人を畏れ、威を畏れ、刑を畏る。此れ之を遁人と謂ふなり。殺すべく、活かすべく、命を制する・外に在り。命に逆はずんば何ぞ寿を羨まん。貴に矜《ほこ》らずんば何ぞ名を羨まん。勢を要《もと》めずんば何ぞ位を羨まん。富を貪らずんば何ぞ貨を羨まん。此れ之を順民と謂ふなり。天下對無し。命を制する・内に在り。

今はあまりに甚しい遁人の世界ではないか。どこをみてもその休息のないことはどうであらう。ただもうどたばたして、狂人走れば不狂人もまた走る有様である。真人あって現代生活をみれば、彼は正しく今の世の淫僻の行ひはおろか、その道徳とか政治とかも愧《は》づるであらう。（荘子駢拇末章参考）

南越に邑あり。名づけて建徳の國となす。其の民愚にして朴、少私にして寡慾、作《な》すこと

を知らず、与へて其の報を求めず。義の適《ゆ》く所、礼の将《もち》ふる所を知らず。猖狂妄行《しようきようぼうこう》して大方に蹈《ふ》む。其の生楽むべく、其の死葬るべし――と荘子山木に説いてゐるが、現代文化人は驚いてこれを読まねばならぬと思ふ。

老荘の所論は終に大中至正の道に契《かな》はぬ。しかしながら亂世淫僻の民のためには真に嘆称すべき造道の言が多い。それにしても現代生活は果していかに究極し、いかに転開してゆくものであらうか。私は時命を思ひ生民を思うて獨り感慨無量ならざるをえない。

（大正十五年十一月二十七日）

蘇《そ》東《とう》坡《ば》との縁

我らはひとしく思慕の子である。ひとたび現實の醜さ、心もとなさに堪へかねて、理想の光を追ひそめてからは、常に我らの胸の奥深う、譬へば暮潮のやうに思慕の情が漲《みなぎ》りわたる。操る舟は一片の木の葉にもひとしい。そして、濁った波は絶えず鞺鞳《とうとう》として、舷を侵し、舵を破る。しかもわづかに一縷《いちる》の望をつなぐ燈台の火は「ゆけどゆけど到らぬ空」の彼方にある。この場合いかに雄々しい水夫でも消え入るやうな不安と失望とを感ぜざるをえない。静かに観ずれば人世もまたまさにこの通りではないか。

寂しい、心細いと、人はしみじみ涙ぐましくなる。このとき胸一杯に拡がるのが思慕の情である。

何がそんなに慕はしいか。父母か、兄弟か、恩師か。

いかにも父母は有難い。兄弟は懐しい。恩師は尊い。これらはみな我らが思慕の情を禁ず

ることのできないものである。しかしその父母の膝に縋《すが》っても、兄弟相対しても、恩師の前にひれ伏しても、おのづからまた融解し難い幽思がある。訴へようのない哀愁がある。私はかつて中学時代に、中村孝也氏の『白菊』を読んだ。その中に、同氏が少年のとき、何かはしらずひし〳〵と身にせまるやるせなさに、ある日母君にふと尋ねたことが書いてあった。お母さん、私は何故から感じやすいんでせうか？　お母さんは妙な顔をしてぢっとその顔を見つめられた。同氏は急にきまりわるくなってそこ〳〵に座を立ったと。私は得もいへぬ一種の懐しさを感じた。まことに思慕の子はいつまでもこのやうな絶えぬ不安がある。哀愁がある。それではこれを解釈し慰藉してくれるものは何か。我らには友といふものがあるはずである。伯牙には鍾子期といふ唯一人の心友があった。伯牙といへば琴の名手として誰しらぬ者もあるまいが、世間の称讃は要するに彼の指頭の遊戯にすぎない。独り鍾子期のみは伯牙の弾ずる琴の音を通じて、その胸奥に漲る千萬無量の幽思を感得し、常に涙を浮べながら聴いた。その鍾子期が不幸にも伯牙を遺して死んでからは伯牙は遂に復と琴を弾じなかったといふではないか。ニーチェにとって、バーゼル大学教授時代、あのルセルネに近い湖畔トリーブシエンの幽居で忘年の交を結んだワグネルはいかに尊いものであったらう。彼はワグ

ネルについて、

「世間の記者や音楽批評家が彼について書きたてる一言だも信ずるな。世に誰ひとり彼を識ったものはなく、誰も彼を批判することはできない。

全世界の拠って立つ基礎は彼の立つ基礎ではない。彼に接すると、あたかも我々は神に触れるやうに感ぜらるるほど、彼はしかく高尚な理想と、それほど振動的で、それほど深い人道とに充たされてゐる。」

とまで語ってゐるではないか。しかしこれほどの交情は容易にえられるものではない。よくよく天の祝福を享けて、二人が幸にも相会したのでなければかかる心友はえられない。ややもすれば現実の暗い影が二人の中に投ぜられる。冷い批判、醜い猜疑、水くさい白々しさ。

しかしながら友は現実に限らない。我らはまた或ひは詩により或ひは文によって、多くの古人と接触する。このときにあたっては、我と古人との間の時間の懸隔や場処の相違は忽然として消滅する。そして自在に肝膽《かんたん》相照し意気相通ずるのである。ここにもまた奇しき縁がある。ちょうど彼らが接触した無数の交友の中から、ふと刎頸《ふんけい》の親友を発見したやうに、また数多見知れる異性の中から知らぬまに相思の絲が二人を結ぶやうに、我々は偶然ある古人

と傾倒措《お》く能はざる霊交を生ずるものである。我らはこの人により始めて無限の慰藉と奮励とを與へられ、新たな生命の力を生んでゆく。その人は必ずしも聖賢たるを要しない、また決して英雄たる要もない。唯霊と霊とが相牽引すればよいのである。その風韵が我が胸琴を高弾すればよいのである。あたかも松の梢に颯《さつ》と落ちくる天風のやうに。私はかくして蘇東坡に傾倒するやうになった。

私は少年の頃から漢詩を好んで、拙い絶句を作っては先生に添削していただくのが何よりの楽しみであった。そのうちに自然多くの漢詩人の名詩を誦読したものである。もちろん東坡の詩は少なくとも中學から始終接してきた。未だに忘れない、私が中學を卒へて上京する際、一夜お暇乞ひに先生を訪ねたことがあった。先生は東坡の有名な七絶「東欄梨花」を歌って、

梨花は淡白、柳は深青
柳絮《りゅうじょ》飛ぶ時花・城に満つ
惆悵《ちゅうちょう》す東欄一株の雪

と頗《すこぶ》る興に入られたことがあった。しかし別段私はその詩にも深い感興を覺えず、したがって東坡の人物にも何ら注意を惹くことができなかった。ところが機縁は不思議なものである。私が一高へ入った年の秋、本郷通りの和本屋でふと蘇東坡詩集を手に入れてから、ぐんぐんその詩に魅せられていった。彼の詩を讀んでゐると、私は未だかって自ら逍遙したことのない悠遠な自然に接するやうな沈靜、夕闇に遠く松原越しに流れてくるメロディーを聞くやうな暗愁を催さずにはをられない。確かに彼の詩は我らの官能に対して未開の領土を開く藝術である。そは我々の乾燥した俗眼から浄く懷しい思慕の涙を誘ひ、我々の寂寞な胸中に崇高な風光を闢《ひら》いてくれる。実際蒼空を渡る白雲の無礙《むげ》と、奥山の巖間を伝ふ流水の沈靜とは彼の詩の二大特色である。たゞその沈靜は決して情熱の拒否からくるのではない。これは誤ってはならぬことであると思ふ。情熱を拒否する沈靜は決して我らを感ぜしめない。そは寂寞である、荒涼である。これに反して彼の沈靜は情熱の淵から生ずる。いかなる憤怒も、いかなる悲哀もこれを擾《みだ》すことのできない、否かへってこれを深くする沈靜である。現實の

醜苦が黒い波を立てることのできない清い淵である。
新法を論じて御史台の獄に繋がれては歌ふ。

聖主天の如く萬物は春
小臣愚暗自ら身を亡ぼす
百年未だ満たざるに先づ債を償ひ
十口帰する無く更に人を累《わずら》はさん
是處青山骨を埋むべし
他年夜雨獨り神を傷めん
君と今世兄弟となる
又結ばん来世未了の因

○

栢臺の霜氣夜凄凄
風は琅璫《ろうとう》を動かして月・低に向ふ。

夢・雲山を遶《めぐ》りて心・鹿に似たり
魂・湯火に飛んで命・雞の如し
眼中犀角真に吾子
身後牛衣老妻に愧づ
百歳神遊定めて何の處ぞ
桐郷知る淅江の西に葬られん

また貶謫《へんたく》せられて黄州に着いたときも、

自ら笑ふ平生口のために忙しきを
老来事業轉《はなは》だ荒唐
長江郭を繞《めぐ》って魚の美なるを知り
好竹山に連りて筍香《かんば》しきを覚ゆ
逐客妨げず員外に置かるるを

詩人例として作る水曹郎
只慚《は》づ絲毫《しごう》の事を補ふなく
尚官家の壓酒嚢を費すを

と歌ひ、その儋耳《たんじ》に貶《へん》せられて殆んどをるに家なかったときすら、彼は、

朝陽北林に入り
竹樹疎影を散ず
短籬《たんり》尋丈の間
我が無窮の境を寄す

と詠じてゐる。それこそ彼の人物の根幹より自然に咲ける花であり、霊性そのものに触るる刹那、言端語端悉く天地悠々の律呂に共鳴してできたものである。彼の詩は決して支那士人が社會生活上缺くべからざる装飾品でもなく、また消閑の玩弄物でもなく、況んやまた食は

んがための詩では毛頭なかった。

果して彼の經歴等を調べるにしたがって、私は今さらに彼の人物に共鳴し、その生活に興趣を覚えた。

彼は実際宋朝の一官吏である。しかもその官吏生活がそのままに一の大なる藝術である。廟堂における彼が侃諤《かんがく》の国士的經綸は言はずもがな。黄州において、淮泗の盤桓において、恵州において将又海外において、彼の生活を追ふものは到る処不盡の宗教的体験と哲學的冥想とに接するであらう。俗吏生活の芸術化、私は東坡においてその好個の典型をみる。「懐疑の海」「観念の無限の海」に乗り出して思想の波に悩まされた三年の向陵生活において、東坡と親しむことは私にとっていかに喜ばしく感ぜられたか。

「君は私に対するショーペンハウエルの感化はと尋ねられるか。私は単にかう答へるより外はない。私はもはや勇気と自由とを以て人生に面接する。何となれば私の足は堅い地を見出したから。」といふニーチェの言葉は、そのまゝに私の東坡に対する感謝である。たゞニーチェはショーペンハウエルを父と呼んだが、しかし私は東坡を父と感ぜんには、いささか懐しさを異にする。父と子との間には一種の遠慮がある。彼にはこの遠慮がない。自己の胸に秘

むるより外しかたのない幽情も哀愁も、彼によりてどんなに慰められることであらう。「ちょうど高山の森の中へ入るやうに私は深く〱呼吸し再び健やかに蘇へる。私は四囲に卓励の氣を覚え」彼の情熱と自然とに感応する。讀書尚友といふ古語を私ははじめて味識した。
向陵生活を終ふる頃から、私は彼に関する述作の欲望をしきりに覚えた。「汝は書かねばならぬ。汝の書くといふことは必須である。」といふ至上命令の声が私をも醒ましたのである。かくて私は意を決して向陵生活を記念せんがために、蘇東坡の生涯と、その人格を書きはじめた。いふべからざる歓びに私の魂は慄《ふる》ふ。

（大正八年）

これは安岡先生が第一高等學校時代、東坡に心酔して同校卒業の際思出にものされたのを、当時帝大の沼波瓊音教授が共鳴の余、高山樗牛等が健筆を揮《ふる》ったので有名な『帝國文學』誌上に掲載され、後年また『東洋思想研究』（昭和十四年十一月号）に再録された長篇の序説です。再録にあたり先生は甘くて厭だと断られたのを、特に請うて輯録されたときいてゐます。

——編輯者——

白楽天の詩

今月の二十日は私の懐しい香山居士白居易の誕生日にあたる。指折り数へてみれば、彼が始めてこの世に生れあはせてから、はや千百二十年といふ時がたった。彼は七十五でその骸をこそ土に帰したが、しかし幸福な彼はその後も絶えず多くの人の温い胸に生きてきた。なるほど我々の身体は現代に生存してゐる。ただ我々の魂の呼吸は決して現代にのみ限られてゐるものではない。静かに思へば、我らを古と絶ち、後より謝せしむるがごとくみゆる「時」も、つひに我らが思考の一形式に過ぎぬ。この身体こそは一時の現世に営々としてうごめいてゐるやうであるが、魂は常に無辺にみなぎって爽やかに呼び交しうるのである。これを思へば我が心は澄む。しかもなほ陰りやすく汚れやすい我らの心はおのづから限られたる不自由な境に彷徨《ほうこう》して空しく悩まざるをえない。かくて人の心に「遙かなる愁ひ」が生れた。かつて陳子昂は幽州台に登って、彼の蒼々として涯しない大空を眺めたとき、我知らず

涙は頰を伝うて、得もいへぬ愴《いた》ましさを感じた。彼は歌ふ——

前《さき》に古人を見ず、
後に来者も見ず。
天地の悠々を念《おも》うて、
獨り愴然として涕《なみだ》下る。

まことにゲーテも歎息したごとく、かの蒼空を眺めて何事をも感じぬ人は最も堕落した人であらう。この愴《いた》ましい心に大いなる力と浄い感激とを与へてくれる者は、かつて我らと思ひを同じうし、我らよりさらに切に、また大いなる苦修を重ねてくれた先人である。この意味において私は蘇東坡の恩を蒙むること、そもいかばかりであるであらう。

ある一人の人を研究することは、同時にまた我らをその時、その時代に生かしめる。時と処とにおいて狭く限られてゐる我らの生活を内的に自由にかつ豊富にしてくれることだけでも、我らは限りない悦びを覚えざるをえない。

翰林《かんりん》の高論より黄州の謫《たく》居、淮泗《わいし》の放浪、恵州・海南への配流と、東坡の生活を逐うてゆくうちに、私は不尽の哲學的冥想や禅的体験に逢着した。そしてその間彼に導かれて荘子の情熱をきはめた詩的哲學にも親しんだ。周茂叔、程明道、程伊川らが儒教に吹きこんだ新しい呼吸にもふれた。

それのみではない、君子の典型ともいふべき司馬温公、碧落を秋風の渡るやうな爽やかな胸の持主六一居士、英邁《えいまい》な抱負を懐きながら不遇に終った王荆公、千古の森に対するやうな深遠な蘇子由など、多くの先人と自在に親しむことができた。そしてともすれば神気餒《う》ゑ疲れんとする私の心は、これらの人々と接するたびごとに、荒野をゆく旅人がはじめて奥深い森に立ち入ったときのごとく、骨に沁む清々しさに新しく蘇るのであった。

今語らんとする香山居士も、まことは東坡によって交りを結ぶことができたのである。東坡は香山が好きであった。必ずしも境遇が似寄ってゐた故でもない。それはひとしく彼らの胸に燃えてゐた詩人的情熱と、その本質をなしてゐる何物にも屈せぬ不羈独行の男性的気概との、おのづからなる共鳴である。

東坡はその地方官時代に、また謫居生活のときにも、しば〳〵香山を想ひ起してみづから

その境遇を彼に比してゐる。そこで私も好奇心に駆られて香山居士の生涯を尋ねてみた。それまでは白楽天は単に長恨歌や琵琶行の作者としてのみ、その名前を知ってゐるに過ぎなかった。否まことをいへば、要するに浅俗な詩人に過ぎぬものと思ひきめてゐたのである。

ところが親しくその人を知り、その生涯を尋ね、その詩を味ふに及んで、私は實に今までの軽薄な誤解を心から愧《は》ぢた。そして世間に行はれてゐる文学史や史傳のいかに無責任なものであるかに今更のごとく驚きかつ憤った。彼は決して尋常一様の軽佻な詩人ではなく、廟堂に立っては毅然として信ずるところを枉《ま》げぬ骨鯁《こっこう》の諫臣であり、地方官として亦まことに良二千石であった。たゞ彼の懇《ねんごろ》な厚い情的人格は自然と人事とをともに情化して、綿々として濃まやかな彼の詩となったのである。東坡が彼を愛したのは當《まさ》にそのところである。二人の違ひをいへば、東坡のやみがたき心の憧憬は常にこの世にあってこの世を超越せんことを望み、したがってその行といひ、その詩といひ、落々往かんと欲す、矯々群ならず。緱山の鶴、華頂の雲と讃したいやうな逸氣に富んでゐる。これに反してあらゆる人と物とを温く懐き懐かれんとする楽天の情趣は到る處春風を逐ひ、百花と薫《くん》ぜんとする淡艶の態を盡してゐる。換言すれば香山は東坡より更に厚く人間味に濃まやかである。それがために彼を浅俗と

いふならば、世の憐れむべき無腸公子にいかなる名を捧げんとするのか。高節・敬すべき人をその妻子に煩悩なるがゆゑに俗悪と評することができるのか。若《も》し然りとすればこの世に人と生れ出でた白香山居士こそ禍である。

私は彼を語るにあたって、まづその詩をのみ知れる世人のために彼の詩から説いてゆかねばならない。

かつて儒學によって鍛へられた人は問はない。また現代においても少数のいはゆる「貴族趣味」乃至は「道楽趣味」の人はさておいて、我らの若き人々は、彼らの「詩」の国より漢詩といふものを全然葬り去ってしまったやうに思はれる。いかなる詩歌の雑誌や評論にもみな忘れたやうにその痕を絶ってゐる。

今の世の新しき人々にして、漢詩を読んでゐる者があったならば、彼らは必ずや一種嘲笑の眼をもって看るであらう。ましてその詩を作る者があったならば、正しくその人は時代錯誤の人と譏《そし》られることを免れまい。

詩の王國は遂に欧米に限って支那にはないのであらうか。支那の詩は果して詩といへないのであらうか。あの変化きはまりない四百余州の大陸の風物と、四億の民衆と、数千年の歴

史とを持ってゐる國に何ら観るべき詩の花が咲かなかったならば、恐らく神は支那の国土と民衆とを呪うたものといはねばなるまい。一切の人間に美の意識の存するかぎり詩の花はなべての地に見いだされるはずである。

支那にても固よりさうである。否支那こそは詩の花の最も長く栄えてきた國である。あるときは詩人に非ずんば人たる資格を完全に備へてをらぬ者とまで目せられてゐた。

一世の奸雄《かんゆう》と呼ばれる三國の風雲児曹操も多感な詩人であった。玄宗の朝の名宰相として史家の知らぬ者はない姚崇・宋璟もその半面は掬《きく》すべき詩人であることを人は知るまい。或る者は詩を盗むがために其の作者を暗殺した。また或る者はその詩のために朝野の尊敬を擅《ほしいまま》にした。詩人に非ざる者は遂に君子の交りすらできなかったのである。

さうして生れた多くの名詩の、昔は無数の人の胸にさまぐ〵の感激を與へたものが、今になって我らの代から忘却されんとしてゐるのは一体いかなる理由からであらう。私はかつて我が國における支那文化の衰頽《すいたい》に論及して、煩雑なる文明の刺戟に逐はれる現代人の概念的思想と、これに對する支那文化の土臺の漢字から有する感情の無限性、象徴味を挙げておいた。これは当然漢詩にもあてはまることである。私はなほその外に漢詩の受けた歴史的禍因

を説かうと思ふ。

漢詩が歴史的に受けた禍の、その一は「儒者による獨占」である。すなはち漢詩は不幸にして儒者に獨占せられてきたことが、今日の忘却の大いなる原因をなしてゐる。もちろん私は儒學の本質の価値を蔑するごとき浅薄な者ではない。否儒學の本質については、むしろ在来の儒家より更に親しく、また敬虔な理解と尊敬とを持ってゐることを断言して憚《はばか》らない。殊に昨年頃から、獨逸マールブルヒ（Marburg）學派の、中でもパウル・ナトルプ（Paul Natorp）の思想に親炙《しんしゃ》するに及んで、みづから時の許すべくんば儒學のために新しい研究の発表をも試みたいと思ってゐる。

儒學に對する尊敬はかくのごとしとするも、その流れを汲む一般者の思想傾向に對する不満や、或る場合における憎悪、これはまた如何ともすることができない。今は儒學を論ずるのではないからこれは避けて、彼らの漢詩に對する過失を責めようと思ふ。「詩は志をいふのである。」とは彼らが漢詩に對する心がけであり、そして「志は心の之くなり」で、いはゆる「詩三百、一言以て之を蔽へば思ひ邪なきなり」といふのが彼らの信條であった。惜むらくは彼らはこれを文字通りに誤解した。

彼らはその心を細かな道徳的規律に對する認識と解したのである。したがってその志は當然道徳的規約に向ふ意志となり、その結果彼らの詩に對する理想たる「思ひ邪なし」は勧善懲悪の意志の表現のほかなくなってしまった。勧善懲悪は道徳の定まった普通の形式である。そこで彼らの詩も勢ひ理窟っぽい千篇一律のものとならざるをえない。そこで夷狄に妾に遣《や》られた可憐な王昭君を歌っても、李白の

昭君・玉鞍を拂うて、
馬に上って紅頰に涙す。
今日・漢宮の人、
明朝・胡地の妾。

ではいけない。十七の白居易が固くなって作った同じ詩、

漢使廻るとき、寄語をたのむ。

黄金何の日か娥眉《がび》を贖《あがな》はん。
君王若《も》し妾の顔色を問はば、
道《い》ふことなかれ宮裏の時に若《し》かず。

が「優游《ゆうゆう》として迫切せず」で一番よい。文宗の句、

人はみな、炎熱に苦しむ。
我れは愛す、夏日の長きを。

に、柳公権が、

薫風南より来り、
殿閣微涼生ず。

とつけただけではいかんとて、東坡が更に、

　一に居の移す所たり、
苦楽永《とこしなえ》に相忘る。
おもふわれこの施を均しうして、
清陰四方に分たん。

と足すと人は益々感歎する。この風習が次第に癖をなして、放翁と問へば、直に、その子弟に答へて、彼の

　王師、北の方中原を定むる日、
家祭忘るるなく、乃翁《だいおう》に告げよ。

の詩をあげる。つまり彼らは心の一端をとらへてその真相を滅却した。誠なる心の披瀝を意

味するものを、強ひて時に偽善に導くことに気がつかなかった。かくて彼らの詩と生活とは著しく乖離《かいり》してきた。そして結局漢詩は迂儒魯叟が机上に拈弄《ねんろう》すべき閑文字と思はるるに至ったのである。

あるとき私が大学の友人に、東坡が愛妻朝雲との間にできた幼な子を失ったときに作った——

わが涙なほ拭ふべし。
日遠くしてその日を忘る。
母や哭して聞くべからず。
汝とともに死なんとす。
故衣《こい》なほ架にかかり、
張乳すでに牀《ゆか》に流る。
此れに感じて生を忘れんと欲《おも》ふ。
一臥《いちが》目を拭うて僵《たふ》る。

…………

といふ詩をみせたとき、彼は感心していった。「漢詩にもこんなのがあるのかね」と。漢詩にもこんなのがあるかと驚くのは、畢竟前述のやうな観念が一般の頭にある面白い証拠である。

…………

次に原因の第二は維新以来志士の吟誦である。支那は感情と表現との発達した国だけに、また昂奮した感情を表すに遺憾なきものがある。例へば彼らは悲しんで泣き、更に泣くことによっていよ〳〵悲しみを激しうする。声涙ともに下るところは、到底支那人を知らぬ日本人が想像することのできぬものである。したがってその詩もまた沈痛・豪放な調べなどは先づ内容よりその語に魅惑されるものが多い。

試みに彼の亡国に際會して数奇な運命をきはめた元遺山が、

…………

黄河の水天上より流る。

何物か煮るべけんや人間の愁。
霆《てい》をさし月を裂くも意にかなはず。
更にともに鸚鵡の洲を倒飜せん。
安《いずく》んか酒船三萬斛《ごく》を得て、
君と轟酔《ごうすい》せばや太湖の秋に。

と豪嘯《ごうしょう》し、杜甫が、

王郎酒酣に、剣を抜き、地を斫《き》って、莫哀を歌ふ。
われ能く爾《なんじ》の抑塞《よくそく》せる磊落《らいらく》の奇才を抜かん。
……………

と壮吟せるものを読めば、人の心の昂奮してゐるときに忽ち起って舞ひだすべき道理である。

かくて志士はみな高楼に杯を呷《あお》って豪宕《ごうとう》な漢詩を吟じ、みづからもまた盛んにこれを作った。その風が伝はって、今までの道學者先生の詩が一転して、殺伐粗放な戦國時代的文學と見做さるるに至った。平和を喜ぶ現代人にかかる由緒づきの漢詩が疎遠せられたのも無理はない。

しかしながら維新後の我が國にして、かくも短日月に急激なる発達をしたのではなく、堅實に一歩々々の進歩を加へたのならば、漢詩の生命は確かに少なからぬ人によって深遠なる天地を開拓されてきたであらう。不幸にして鎖國の急激なる反動は、欧米心酔の激流を導いて、その故郷の沃野を無残にも荒してしまったのである。

幸ひにして思想の蕩揺《とうよう》はこの頃やうやく鎮まってきた。人は再び破壊の跡を顧みねばならない。かくのごとくにしてはじめて新たなる詩の國の建設が可能であらう。私もまた懐しき心を抱いて「帰り来れる者の一人」である。

私は次に我が香山居士の詩を説いていささか従前の妄を解かうと思ふ。

我々の最も愛する詩は常に沈黙と言語との微妙な契合でなければならない。怒りも笑ひも

歎きも悦びも、なべての感じはその極まるとき凝然として黙す。例へば人の情けに感じてもくど〳〵しく礼をのべる間はまだ真に迫ってゐない。真實に骨身に徹して有難かったときには、我らはたゞ息づまるばかり迫った沈黙のうちに、熱い涙の一滴を慄《ふる》へる手の甲に落すのみである。若しそのときに噛みしめた唇から微かな一言が洩れたならば、その言葉こそ世に最もまことなる言葉といはねばならない。感激の沈黙は絶對である。その絶對なる沈黙に点ずる霊語、これを詩はその極致とする。

故に詩は常に理窟と饒舌とを忌む。この意味において盛唐の詩は最も絶唱に富んでゐる。稍々下っては柳宗元の詩にまたこの例をみる。我らは彼の、

千山・鳥飛び絶え、
萬徑・人蹤《じんしょう》・滅す。
孤舟蓑笠《さりゅう》の翁、
獨り釣る寒江の雪に。

といふ詩を讀むとき、神韻縹緲《ひょうびょう》としてほとんど思念を動かすことができない。東坡のいふごとく試みにこれを鄭谷の詩たる、

……………

江上晩来画くに堪へたる處、

漁翁披き得たり一蓑の歸。

と比較すれば、あたかも千古の名画を去って、平凡な俗画に對するやうな気がする。しかしながらそは稀にみる詩の相で、もちろんかくのごとき相においてでなければ真に詩たる価値はないといふのではない。すべてひとたび美意識を通じて眺められた我らの生活はまたそのまゝに詩である。たゞそのとき詩は著しく現実化される。しかるにこれまで人は往々この詩の現實化を目して俗化と排した。それは確かに大なる誤りである。苟《いやしく》も詩を解する者ならば、固より何びともこれに對して首肯するであらう。ただ我らの生活がそのまゝに詩となることは、真實に生きる者のみよくこれを主張することができるといふことを忘れてはならない。すべての文藝は厳粛である。この人生に對し、また自然に對して深い思念と純なる情操

とを懐かぬ遊蕩軽浮な人間は、決して真實な意味において詩人と称することはできない。自然の花はすべてみな土より生える。いかに丹青の妙彩を極むとも、人の造った花には遂に生命を認むることができない。

この點よりして、同じく中唐の詩を観ても、私は李長吉や盧玉川より白居易・元微之の方を採る。しかるに古来、元軽白俗といふ言葉があって、とかく後者の詩は俗耳に入りやすい故をもって浅しとして貶《おと》す癖がある。奇を好み、珍を愛するのは人間の一の性情である。楽天や微之に、世人のこの性情に投ずる特異な點のないことは争へぬ事實であるが、このことはかへって彼らの生活とその資質の純真を示す証拠であることを思はねばならぬ。これに比ぶれば李長吉のごときは先づその生涯から大いに世人の心を動かすものがある。

彼は幼少よりすでにもの凄い天才の光を放って、韓退之等をして驚愕せしめた。そして僅かに二十七歳をもって、流星のように詩壇から消えてしまったのである。彼の短い生涯を貫くものはたゞ「詩」である。名高い傳説に、彼が死する前夜、緋の衣を着た神人が、赤い虬《みずち》に駕《の》って、彼を迎へにきた。そして神人は厳に彼に向って、「天帝の白玉楼がいま出来あがった。よって帝は汝を召されてその文を求めたまふ。」と伝へたと記してゐる。實際彼の一生

は詩に始まり詩に終るものといふべきであった。故に後世多感な詩人の胸に李長吉の名は不思議な一種の憧憬を與へてゐる。近くは明治漢詩界の一角に夕づつのやうな光りを現はして、またはかなく夭折《ようせつ》した赤門出の詩人・中野逍遙もよほど李長吉を慕うてゐたやうである。しかしながら長吉の詩はあまりに凝り過ぎて怪奇を極めてゐる。その結果は往々無理に走せて、甚しく自然を遠ざかってゐる嫌を免れない。故に静かに玩味すれば割合に内容が空虚である。由来韓退之門下にはこの流が多い。彼らは無暗に自然に衣裳を着せた。魂に脂粉を施した。一時詩壇に名のあった土佐の宮崎晴瀾のごとき、この流に倣《なら》って、鬼語に堕した者である。

これに反して、白居易は彼らのごとく一面人目を眩ますやうなところはつゆない代りに、彼は七十五年の生涯に人生の諸相を細かに味ってゐる。貧の苦しみも、一家離散の悩みも、また廟堂《びょうどう》の得意も、地方官たる苦楽も、彼の濃やかな性情は決してあだにそれらの月日を過すことはなかった。そして煩悩の多い彼はまた安心を求めて儒より禅に、或ひは道家に、悩ましい遍歴の旅を免れることもできなかった。彼は晩年香山居士と号し、その家を棄てて寺となし、白衣を着け、鳩杖を曳いて逍遙した。これ東坡の羨《うらや》んでおかぬところであった。け

れども自分は不幸にして流謫また流謫の末に、常州の客舎で歿したのは、彼のために悼ましくてならない。楽天の詩はすべてこれらの間から自然に流露した温い調べである。それは確かに扶揺に搏《う》つ荒鷲の詩ではなくて、地を流るゝ春の水の歌である。桃花水暖に軽舟を送るとは誠に彼の詩に對する好個の評であらう。

しかるに気紛れな杜牧之は彼を罵って、「纎艶、淫媟《いんせつ》、荘人雅士の為す所に非ず」と放語してゐる。もし楽天の詩を纎艶淫媟とするならば彼自身の詩はこれを何といふべきか。更に韓偓等の香奩《こうれん》体の詩はいかなる人の為すべきものにあたるか。まして造花者のような細工詩人が杜牧の口吻を真似して、軽々しく元軽白俗の語を弄するのは真に笑止である。王若虚も憤慨して語る。――「楽天の詩は情致曲盡してことごとく人の肝脾に入る。物に随《したが》ひ、形を賦し、所在充満せること、ほとんど元気と相侔《ひと》し。長韻大篇に至れば、ややもすれば数百千言、しかも順適、愜《きょう》當句句一の如くして、争張牽強の態なし。あに吟鬚《ぎんしゅ》を拈断し、口吻悲鳴するもののよく至るところならんや。しかるに世あるひは浅易を以て之を軽んず。蓋し與に言ふに足らざるなり。」と。唐宋詩醇に評するところは更に丁寧である。特に彼の詩は我国の平安朝文学に至大な影響を及ぼして、かへって同時代の骨力のない浮華な詞藻に反噬《はんぜい》せられ

た恨があるから、彼のために辯を重ねるのも必要であらう。唐宋詩醇に語るところは次のやうである。——

「唐人の詩にて篇什に最も富めるものは白居易に若《し》くなし。其源、亦杜甫に出づ。而て杜甫にくらぶるに更に多し。史に称す、其一篇出づる毎に、士人傳誦し、雞林（朝鮮）の行賈《ぎょうこ》その國相に賣ると。詩名の盛なること、前古たぐひまれなり。且つ居易は豈徒らに詩を以てのみ傳はらんや。その左拾遺と為るに當っては、忠誠謇諤《けんがく》抗論凹らさず。中ごろ遠謫に遭ふや、之に処して怡然《いぜん》たり。牛李（牛僧孺と李徳裕）釁《きん》を構ふるも絶えて依附する無く、婀媕《あえん》を以て時に逢はず。党援を以て進を求めず。坎壈顛躓《かんらんてんち》を以て、恃《たの》みなきに愁苦せず。識力涵養大に人に過ぐる者有るに非ざるよりは、安んぞよく進退綽《しゃく》として余裕あること是の如くならんや。

大和開成の後におよびては、時事日々に非に、官情愈々淡し。唯酔吟を以て事となし、遂に詩に託して以て自ら傳ふ。其元微之に與ふる書に云ふ。『志・兼済に在り、行・独善に在り』と。

その『諷諭』は意・激して言・質なり。『間適』は思ひ澹《あわ》くして辞・迂なり。詩を作って指

帰具《つぶさ》に此に見《あら》はる。蓋し六義の旨に根柢し、温厚和平の意を失はず。杜甫の雄渾蒼逕《そうけい》を変じて流麗安祥となし、其面貌を襲はずしてその神味を得たるものなり。しかるに杜牧はその繊艶、淫媟、荘人雅士の為る所に非ずと譏《そし》る。夫れ居易の荘雅は『牧』といづれぞ。牧の詩こそは即ち繊艶淫媟の尤《ゆう》なる者。しかも唇を反して以て居易をそしるか。宋祁《そうき》よりて以て論を立つ。抑《そもそ》も亦、惑へるの甚しき者なり。………」

いかなる詩人にも屑を探せば沢山にある。

常にその良くないものは棄てて、會心の作でなければ苟も人にみせぬやうにしたならば格別、興に触れては随処に吟咏を擅《ほしいまま》にするならば、その中に面白くないものも交るのは固より當然といはねばならない。殊に彼のやうに、数多の唐代詩人の中でも一番作品に富む者においては益々さうである。常に人の缺けた点のみを探して、これを殊更に強く論ずるのも、最も賤しむべき小人の所業である。我々は先づ大局を達観して一般を洞察し、なべてのものゝ裡に光を発見するに吝かであってはならない。

なるほど缺点を数へれば、香山の詩は後に宋においてみられるやうな全く散文的なものもあるし、またいかにも無雑作に書きなぐって、どうみても七字詰に四行並べたに過ぎぬとい

ひたくなるものもあるには相違ない。例へば老子を読んで、

言者は知らず、知る者は黙す。
此の語われ老君にきく。
もし老君是れ知者と道《い》はゞ、
何によってか自ら五千文を著す？

と作るに至っては實に人を馬鹿にした屁理窟である。又銭員外を散策に誘うて、

秋景を尋ねて閑行せんと欲す。
君が病は慵多く我が興は孤なり。
惜むべし今朝山最も好し。
強ひてよく馬に騎りて出で来るやいなや。

といふがごとき、ほとんど何が故の詩かと可笑しくもなる。しかしこれらは要するに何でも詩形になって出てくる詩人の一の習に過ぎぬ。

俗だといはるる理由には、彼が老いても女から解脱し切れなかった点もあらう。彼はよく恋を歌った。そしてその詩の中には官能的なところも露骨に出たのがある。酔後戯題に——

自ら知る清冷冬凌に似たるを、
つねに人に呼んで律僧と作さる。
今夜酔醺《すいくん》羅綺あたたかに、
君に融盡せらるるよ玉壺の氷。

と告白するかと思へば、又皇甫監に戯れに答へて、

寒宵酒を勧む、君須く飲むべし。
君是れ孤煢《こけい》七十の身。

いふなかれ人身に非ずんば煖かならずと、
十分の一盞《さん》は人よりもあたたかなり。

等と揶揄《やゆ》してゐる。さうでなくとも、——

菱葉波に縈《まとわ》れて荷（はちす葉）風にうごく。
荷花深きところ小船通ふ。
郎に逢うて語らんと欲し、頭を低れて笑ふ、
碧玉の搔頭《かざし》、水中に落つ。

と採蓮曲を作り、隣家の美しい娘を詠じて、

娉婷《へいてい》十五、天仙に勝る。
白日の姮娥《こうが》か、緑池の蓮か。

何処か間《かん》に鸚鵡に語を教ふ。
碧紗の窓下繍《しゆう》牀《しょう》の前。

と情趣の機微を躍らすところは、まさに児女を悩殺するところがある。しかしこれらの詩をもって卑俗として彼を譏るのは固より詩人を良解せぬ道学者流の言であって、むしろそこにもまた彼の天真流露をみる。更に集を繙《ひもと》いて、

銀臺金闕《きんけつ》ゆふべ沈沈、
獨宿、あひ思うて翰林《かんりん》に在り。
三五夜中新月の色、
二千里外故人の心。
渚宮の東面、煙波冷かに、
浴殿の西頭、鐘漏深し。
なほ恐る清光の同じく見えざるを、

江陵卑湿にして秋陰りおほし。
（八月十五日夜禁中獨直對月憶元九）

曽《かつ》て太白峯前に住《とゞ》まる。
しば〳〵仙遊寺裏に到る。
黒水澄む時、潭底《たんてい》出で、
白雲破るる處、洞門開く、
林間、酒を煖むるに紅葉を焼き、
石上詩を題せんとして緑苔を拂ふ。
惆悵《ちゆうちよう》す舊遊《きゆう》いづれか復た到らん？
菊花の時節に君が廻るを羨む。
（王十八帰山を送る詩）

柳氣力無うして枝先づ動き

池に波紋ありて氷盡く開く
今日知らず誰か計會す?
春風春水一時に来る。
（府西池）

等の詩や、又五言では、

南浦凄々《せいせい》の別れ、
西風嫋々《じようじよう》の秋、
一看、腸も一断、
好し去って頭を回らすなかれ。
（南浦のわかれ）

早蛩《そうきよう》ないてまた歇《や》み、

残燈滅しては又明る。
牕《まど》をへだてて夜雨をしる。
芭蕉先づ聲あり。

等を読めばやうやく彼の真面目が味はれる。
先きに挙げた銭員外を散歩に誘うた出まかせの詩に對して、同じやうな誘引でも江楼の夕望に客を招く詩のごときは堂々たるものである。

海天東に望めば、ゆふべ茫々、
山勢川形濶《ひろ》くまた長し。
燈火萬家城の四畔、
星河一道水の中央。
風、枯木を吹く、晴天の雨、
月、平沙を照す、夏夜の霜。

能く江楼について暑を銷《しよう》するや否や。
君が茅屋に比すればやや清涼。

ただ真に彼の性情を盡さうと思へば、彼の生命たる多くの大篇力作を味はねばならない。もし短詩を漁ってその妙味を知るだけならば、多く彼が晩来の風調を知るに終るであらう。一体漢詩は現代において「真に味はれる」といふことから殆んど全く遠ざかってゐる。事實漢詩を通じてその内在のリズムを恍惑しうる人が一般にどれほどあるであらうか。否多くの人はもはや漢詩にむしろ最も縹渺たる内在律の存することすら信じてゐない。ただむやみに「平仄《ひようそく》」の難しいもので、到底満足に感情を表現しうるものではないと思ってゐる。いひかへれば漢詩は「平仄」をもってみづから詩たる本質を破壊してゐるものと思ってゐるのである。甚しき者にいたっては「平仄」がリズムであることをも知らないで、黒白の点と考へてゐた滑稽な大學生も英文科にをった。坊間によくある作詩法とか何とかいふ書物で、詩句の右側に平平仄仄と説明してあるのをみて早合点したのである。これはあまりに極端であるが、少くとも漢詩になぜ「平仄」があるか知らぬ人は多い。まして漢詩にも平仄のない詩が

あることは知らぬ人の方こそ多数である。

殊に近頃は次第に漢詩界も変化してきて、外國において主潮をなしてゐる散文詩体もどしどし摂取されてゐる。しかしながら外國にも決して散文詩ばかりあるのではなくて、随分いはゆる「平仄」の厳しい詩体も澤山にあることは説くまでもないことであらう。比較研究をしてみれば詩たる本義において東西もとより相異なるものではない。しかるに獨り欧米の詩が、盛に味解されて、漢詩が顧みられないのは確かに「詩」の祕懐から推しては到底理解されない浅薄な矛盾である。

欧米の詩が解せらるるならば、おのづからまた漢詩も分らねばならないのである。苟もその一方において詩的陶酔に逍遙《さまよ》ひうる魂の持主が、他方において無関心でをらねばならぬやうな慘めさがあらうはずはない。もし根本的にさういふ矛盾をもつ者があるならば、それは確かに「詩」そのものを真に解さないで、自分は解してをるつもりで得意なのに過ぎない。畢竟詩は宇宙の大なるリズムに参ずる人間の芸術的感動の微妙なリズムの表現である。すなはちいかなる表現の形を採らうが、その奥には必然に内在律がなければならない。若しこの微妙な内在律さへ豊かであれば、いかなる表現も自由である。たゞ表現は畢竟表現で、實質た

る内在律に對して外部的のものであることを忘れてはならない。もちろん表現を無視して完全に實質を論ずることはできないが、更に實質を忘れて表現に走ることは詩の大病である。この点において漢詩は内外から誤られることも多かった。漢詩の平仄等も、これが表現に属するか、實質に属するかの明瞭な問題すら混乱されて、どれだけ迷惑な影響を漢詩そのものに及ぼしてをるか分らない。しかも壺中の天地は依然として無限である。詩の詳しいことは、そのうち機が熟したならば、『唐宋詩史』を書いて、その初に論ずるつもりである。

要するに今後また今まで漢詩を愛してきた人も端的にその内在律に触れて、ここに陶酔の泉を汲む覚悟がなければならない。蜃気楼のやうな空しい語句の美しい羅列を楽しむごときはつひに何らの意味をもなさぬ。梅を看てその辺の詩集を乱抽した結果、

劉秉忠の………素艶乍開珠蓓蕾、暗香微度玉玲瓏。
戴復古の………樹頭樹底参差雪、枝北枝南次第春。
謝宗可の………蚊蟄凍雲氷骨痩、龍眠夜月玉鱗開。
袁凱の…………奔月定知猶有影、凌波却喜不生塵。

を組合はして、

乍開素艶参差雪、　微度暗香次第春。
蚊蟄凍雲猶有影、　龍眠夜月不生塵。

と聯句を作って喜ぶやうなことなど、その馬鹿々々しい例である。漢詩は内外からあまりに多くその異端を窺はれてゐる。これは早く詩の正道に帰らねばならない。

かうして白楽天を顧みるとき、私は他のいかなる批難からも彼を庇護したいと思ふ。彼の情操はほんたうに純真であった。彼は詩のために要らぬ衣裳を著《き》たり仮面を被ったりすることがなかった。彼はいつも莞爾《にこや》かにその姿を偽らず飾らず現してゐる。それにともすれば人は彼を目して好い着物を著てこないとか、追従をいはないとか、何でも仲間の内密事を公然と拡げるとかいって攻撃する。それは確かに彼らがわるいのである。だから我々は構はず、真實に彼の詩を知るために、先づ彼の生涯の行動と、その真面目とから窺ふことが必要である。しからずして単に彼の若干の詩を採って、それだけでこの英才を論ずるなら、そはあまりに厚顔といはざるをえない。

（大正十年）

司馬光の迂《う》書

一

支那史上その公的生活と私的生活とを一貫して真に「誠」を体認し、「誠」の体認によって世間の何物をも怖れず愁へざる心の安立をえた人といへば、先づ指を司馬光（温公）その人に屈せねばならぬ。今でも陜洛《きようらく》の間には、お天道様が御照覧だといふことの代りに、君實がきっと知ってをるぞといふ俚言《りげん》があるさうだ。君實とはすなはち司馬光の親しい呼び名である。史實の精覈《せいかく》、論説の厳正、ともに千載不朽の大著作たる『資治通鑑』こそは實に彼の永遠なる精神の投射であって、後来この書に接する者にしてひとたびその英霊を思へば、真に粛然として襟を正さゞるをえない。

この四、五日、私は政治学に関する摸索の苦しまぎれに不眠の読書をしたためか疲労一時に肩頭に上って、この夕（六月七日）つい横になったまゝ眠り入って、夜も十時過ぐる頃はじめて目を覚ました。

静まりかへった空室に青い電球を通じて燈火が独り冴えわたってゐる。水のやうな心持で私は手を伸ばして机上の小冊子を取った。それは思ひがけなくも『温公迂書』であった。書名を読むとともに、すでに私は何となく杳《はる》かな静喜を覚えて、やがて正身偃《えん》臥《が》のまゝ徐ろに巻頭の司馬光自叙から読んでいった。

かういふ夜、かうした心持で静かに読書するといふことは、何といふ限りない天の恩寵であらう。この書はかつて一度讀んだこともある。しかるにこよひ讀む私にこの書は全く新たなる感激であった。私はこの書の簡潔なる文字を通じて直接に歴々と司馬光その人の心に触れ、その文字の行間に更に見えざる多くの文字を讀んだ。

所詮いま燈火を消して再び枕に着いたとするも、心は静かなる悦びに澄んで眠りうべくもない。よろしい、たとへ今夜このまゝ夜を徹するとも、私は筆のつゞく限り紙をのべてこの『迂書』を語らう。かう決心して私は静かに起坐して筆をとった。

二

この書は迂書といひ一名また庸書ともいふ。ともに司馬光がその随筆につけた名である。

何故に彼はその書に、かゝる迂とか庸とかの名を擇んだのか。彼はその自序にいってゐる。

――余は六つの折から父兄に書を読まされたが、声を出して読むだけで、一向その意味は分らなかった。それが七つの頃からだん〳〵聖人の道を聞くやうになって、それから朝に夕に読書し思索することすでに二十七年、生れつき魯鈍の質ではかぐ〳〵しくも進まないが、とにかく勤めることは勤めたものである。その間衷心うるところあるたびに書きとめておいたものを人にみせると、あるものはこれをみていつもいふ。「何だ、一向平凡で何の奇もないぢゃないか。こんなことは誰でも知ってゐるさ。」しかるにあるものはまたこれと反対に、「君の書は甚だ迂遠で役に立たぬ。世間に実益はないね。」といふ。

しかし余は余の衷心の要求から、自己を究明せんとする願から、（彼はこれを窮我の心といってゐる。）古人の道を求めて余の體験しえられただけをこの書に収めたのである。平凡（庸）か、實際の役に立たぬか（迂）そんなことは人の議論で、余はそんな問題に構ってゐる餘裕がない。だからこの書を庸書とも、また迂書とも名づけておく。――

やむにやまれぬ心の要求から體験したことを、そのまゝ赤裸々に披瀝しただけだ。これを卑しい世俗の功利的見地から批評するものは、何といふ賤しむべき冒瀆であらう。

また一時の気紛れでも何でもない。永遠なる人間本然の心の相、見方によれば或ひはこれほど明白な平凡なことはないともいへよう。しかし真にこの疑ふに疑へぬ明白平凡事を知る人はかへって少数の尊き人のみである。これを頭から平凡と蔑しさる人間は多く浅俗なる心霊の盲者に過ぎない。彼がその随筆に迂書といひ庸書といふ名をつけたことは先づ深甚の意味がある。そして彼はその一巻の随筆の中では、自己を呼んで常に迂夫といひ迂叟《うそう》といってゐる。

序の次に、彼は「迂」の一字を釋《と》き、「庸」の一字を辯じてゐる。

――人は迂の益なきを知って、迂の益の大なる所以を知らず、また迂の益あるを知って、迂の損もまた大なる理由を知らない。木を植ゑて一年で截ってしまへば薪にするよりほかはないが、二年おいておけば相當の桷《はしら》になる。若し五年おいて伐ればひとかどの楹《はしら》にもなり、十年もたてば棟木に使ふことができる。かくのごとく成功を急がねば急がぬほど利益は大きくはあるまいか。

しかしながら眼前の利を逐ふ世上の人間は一年後の聊かなる利益を尊重することは知ってゐるが、十年無用の大用を知らない。

古人の道また然り。古人は永遠の相において萬事を達観し、したがってそのいふところ崇高なるがゆゑに、常に局所に偏して全體を觀ず、刹那々々を苟合《こうごう》妥協して生活する衆人にとっては殆んど無益の存在である。故にゆくところとして齟齬《そご》をきたし、或ひは窮して一布衣に果て、貧賤困苦してその身を終ることも免れない。しかもその流風遺韵は永遠に後人を感動せしめるではないか。若し古人をしてその永遠の道を棄てゝ、卑屈な俗衆の苟合《こうごう》妥協の生活をとらせたならば、或ひは一時の富貴をえたかも知れないが、到底不朽の光栄を期すべくもない。余のごときはむしろ「迂」なる能はざるを患ひこそすれ、どうして「迂」を患ふることがあらう。(以上釋迂)

人はまた平凡を嫌ふ。しかしながら道は常に平凡たらざるをえない。何となれば道は不変をその性とするものであるから。愛といひ、まことといひ、調和といひ、すべて昔から今に至るまですべての人が語ってきた問題である。平凡たらざるをえないではないか。

人は不易の「常」を嫌って「新」を愛する。その新とは、これを譬へていへば、楚にゆく者が南にゆかずして北にゆき、齊にゆく者東せずして西するがごときことをいふのである。楚にゆくには南し、齊にゆくに東するが理の自然である。それを自然に反して逆行するは

「新」かも知れないが、畢竟無意味といふほかはない。

余のごときは平凡なる能はざるを懼《おそ》れる。平凡を病《うれ》ふる必要が何処にあらう。（以上辯庸）

三

この平凡を解し迂拙を欲する彼は、人物の真価を何処に求めてをるか。

彼は一般に人間を「徳」と「才」との両方面から観察してゐる。徳とは人の本質的要素であって、その人のいかなる行為たるを問はず、常にその道徳的価値判断のよって立つ基礎、その人の行為を必然的ならしむる根拠である。更に言をかへていへば箇性の活動である。同じく人と碁を打つ者にあっても、甲の手は甚だ高雅であるにも拘らず、乙の打ち方は頗る卑劣に感ぜられるやうな場合が多い。それは烏鷺《うろ》を闘はすといふ外面的行為は同じ形式でも、その行為の背景をなす両者の徳に雲泥の相違があって、我々は徳を離れて単に外面的行為のみを批判することができないからである。それほど「徳」は人間の行為、したがって人生において到底無視するを許されない本質的存在である。

これに對して才とは、いはゞ附随的要素である。頭がよいとか、腕があるとか、世渡り上

手とか、器用とか、辯口とか、いはゆる一寸模倣のできない、その人の先天的属性を指していふ。

譬へば甲乙二人が同時に同校を出て同じ会社に勤めたとせよ。しかるに甲は動《やや》もすれば長上と衝突し、いつまでも不遇に沈んでをるに引きかへて、乙は巧みに重役の寵を受けて、頓頓拍子にその地位を築いてゆくやうな例も少くはあるまい。或ひは碁を習ふ場合なども、一は容易に段位に進むにも拘らず、他は長く笊碁《ざるご》に終る場合が珍しくない。それを称して人は才があるといひ、才がないといふ。

もとより才は善き意味において大いに豊かであって欲しいが、しかし才の有無は果してどれほどその人の人格価値に影響を及ぼしうるであらうか。司馬光の信ずるところによれば、才の徳に勝つ者を「小人」といひ、徳の才に勝つ者はこれを「君子」といふ。才徳ふたつながら完全なるは畢竟聖人である。彼はこの鑑識眼をもって古今の人物を批判し、また能く自己を照顧したのである。これを明治維新の人物についていへば、西郷南洲のごときは確かに君子人である。彼をその才腕よりみれば木戸松菊・大久保甲東等に数籌《すうちゅう》を輸《ゆ》せざるをえない。むしろ俗務の間に処してその無能なる点より放言すれば、陸奥宗光（？）のいったごと

く、真に北畠道龍の毛の生えたくらいに過ぎないであらう。しかも何人も及ぶべからざるはその「徳」である。彼の瑣細な行為が示すその雄大醇厚な人格的背景に至っては、我らは深く歎服せざるをえない。

これに反して勝海舟のごときは正に小人の尤なる者である。彼が先見の明・進退の機宜・処世の妙諦等は実に凡物の模倣を許さないものがある。彼なくしては確かに高橋泥舟といへども、西郷南洲といへども、孤掌鳴りがたかったに相違ない。

註　明治維新の際、徳川方にあっては一海舟のみ世に知られてゐるが、事実は彼と同時に高橋泥舟あることを忘れてはならない。泥舟は司馬光のいはゆる迂叟であったがために、終に世にその名を称せられなかったのである。泥舟を想ふごとに私は深く人生を考へさせられる。

しかしながら一度海舟の行為を通じてその人を観るとき、人は索然として感激を減ずるであらう。これその徳の乏しいがためである。

しかも才華の爛発は容易に人目を眩惑するに反して、徳の含蓄は水の如く淡々としてたゞ深くかつ静かなるがゆゑに、浅薄なる衆人は常に才の奇を愛して徳者を「迂」とし「庸」と

する。ここにおいて稀代の君子人・司馬温公その人を深慨せしめたのである。

善き意味において比類なき才人であり、同時に含徳もまた浅くなかった司馬光の友人・蘇東坡も慨歎してゐる。——近歳樸拙の人愈々少く、巧進の士益々多しと。明の尊敬すべき大儒・方正学が戇《とう》窩《わ》記を作って、大いに才人を排して「戇者」を称揚したのも同意である。清末の哲人・曽國藩がその友・劉孟容のために「養晦」を説いたのもまたその心は一である。

四

司馬光はいふ。「小人は迹《あと》を治め、君子は心を治む。」と。迹を治むとはいふまでもなく行為の結果を目的とすることであり、心を治むとはすなはち動機を主とすることである。

道徳上善き行為とは、特に東洋思想において、必ずその行為が善き心情より発現したものでなければならぬ。結果（迹）の如何はむしろ第二義である。この意味よりして前の司馬光の言葉を訳し直せば、単に行為の形式的・外面的体裁のみを繕ふ者は小人で、君子はこれと異なり、常にいかなる道徳的心情において為さんかと心懸《が》くる者である。

若し迹と心——結果と動機との微妙なる区別を無視するならば、世に道徳的正論はなくな

るかも知れない。

今餓ゑたる人の群に食を施す者がある。一人の白衣の長者は始め何處よりか飄然と来り、無量慈悲の眼に群り来る衆人に向ってその有るかぎりの資財を散じて、いつかまた影の如く消え去った。次なる人は傲岸なる面に憐憫と軽侮との色を湛へながら、手に持てる財物を地上の獣に投げ與ふるごとく散じて、やがて悠然として去っていった。終に一人の梟《ふくろう》のごとき眼と狐のごとき口吻を持てる紳士は多くの従者を使って、しきりに自己の徳を謳はせ、報恩の忘るべからざる理を説かせながら、最も目覺ましくそのいはゆる恩恵を施した。この三人の為すところを単にその迹よりみれば要するに等しく財物の施與に過ぎない。しかしながら彼らが等しく財物を施すに至れるその心情は、大いに異なってゐる。前なる白衣の長者は真に同胞の窮困を憐む菩薩心の苦治であるが、次なる人にはすでに同胞の危急に對して自己の優越を誇る内省の缺陥がある。最後の紳士は卑しい目的のために、はた低い倫理的名誉慾望満足のためにたまたま為せるいはゆる慈善行為にほかならない。

故に君子と小人と、その迹より論ずるときは特に分ち難いけれども、その心より論ずるときは雲泥の差があるのである。

すべて「學の究竟の意味はいかにして心を治めんかの探求にある。人格の完成と関係のないやうなものは真実の意味における『學』とはいへない。」（学要）

かくのごとく心の問題（東洋哲学は一に心の哲学である。）を切に尊ぶ彼は、したがって心について深い思索を凝らしてゐる。彼は醇乎《じゅんこ》として醇なる儒家である。儒家に属する者には世間周知のごとく往々形式的道徳に拘泥して深い内面的思索、心の根本的反省を缺く者が多く、それらの人々がまた相率ゐて道家・佛家の思想に對して頗《すこぶ》る無知な反駁を試みることが始終であるが、さすがに司馬光はあくまでもみづから道佛には左袒《さたん》しなかったけれども、能《よ》く道佛の根本思想は理解してをった。それは畢竟《ひっきょう》彼が心の問題について常に深い反省を失はなかった結果である。

彼は人から老釋の思想において取るべき点があるか、あるとすればいかなる点を取るかと尋ねられて、老釋には取るべきものがある。そは釋における「空」の思想、老における「無為自然」の思想であるとして、能く「空」・「無為自然」の本来の意義を説いてゐる。（老釋）他時彼が或る人に答へた『論語』子罕《しかん》篇に所謂子絶ツレ四ヲ——毋《なく》レ意、毋クレ必、毋クレ固、毋シレ我——の説もまたこれと同じ深い理解を証してゐる。

――孔子が意必固我の四を絶するに、何がゆゑに「意」を先に立て「我」を終に説いたか。意はすなはち欲望を絶滅せよといふ意味ではない。欲望を純化せよといふ意味である。欲望の純化とは欲望即禮儀、（ここに彼は説いてゐないが、換言すれば心の欲するところに従って矩《のり》を踰《こ》えざるに至ることである。）否事至れば自然にこれに応ずるに禮儀を以てする位に天化（神化といふよりはこの語が妥當である。）することである。禮＝履、義＝宜であって、禮義は畢竟事象の正しき規範、事物存立の必然的制約である。

そこで絶滅と純化との相違を理解すれば、はじめて善く聖人の心を認得しうるであらう。絶滅と純化とを誤るがゆゑに、聖人の心は死灰のごときかとの疑惑も生ずるのである。聖人の心は死灰ではなくて、宿火（埋火）のやうなものである。埋火は一見寂然として死灰のやうであるが、これを掘り起せば燃え、吹けば熾《おこ》り、深くしてしかも消えず、久しうしてしかも滅しない。聖人の心もまたこれと同様である。みづから作為することなくして常に正しく事象に応じてゆく。「必」とか「固」とかの執着は要するに理法を体認せざる主観的迷妄の致すところである。そして「我」とはこの執着によって生ずる観念に過ぎない。すなはち「毋我」を最後に説いたのはかゝる主観迷妄を排脱して理法それ自身を体認せよといふので

ある。（絶四）

五

次に彼は無心と回心とを説いてゐる。

前述のごとく主観的迷妄を脱して理法それ自身を体認することは、いはゆる「無心」の正しき意義である。しかしながら無心は衆人の容易に企て及ぶことのできないものである。少くとも余（司馬光自身）のごときものの能《あた》はざるところである。たゞ「回心」を能くすれば恐らく無心に近いと思はれる。

回心とはつまり自己の悪と思惟するところのものを去って善に従ひ、非とするところのものを捨てゝこれに従ふことをいふ。一般に人はこれを譬《たと》へば悍馬《かんば》を制するがごとく（或如レ幹ニ磻石ニ）困難なことであると思ってゐる。しかしながら静かにして考へてみれば要するに我が一心にある問題であって、戸枢《こすう》を転ずるがごとく決して困難とはいへないのである。（回心）

すべて人は天に従順に事《つか》へねばならぬ。

註　天の思想は支那においてその内在的意義においても、また信仰の対象としても、非常に深遠な発

違をしたことを忘れてはならない。

天に事ふとはまた天命に違はぬともいふことができる。普遍の理法を体認して主観的迷妄に陥らぬことである。その心安らかにして楽しく、以て命を終ふることのできるのは獨りこの普遍の理法を体認したる者のみに與へらるる祝福である。これに反して心神常に労苦し愁困してその生を傷《そこな》ふ者は（たとへ僂然《ろうぜん》白首に至るともそは寿と謂《い》はず）これを天刑といふ。天に事ふるものはみなその分を知る。分はそれぞれ絶対であって、互に優劣を容れない。堯舜禹湯文武が天下のために勤労するのも、周公が王者の輔相《ほしよう》として太平を致すのも、孔子が詩書禮楽を以て教ふるのも、顔淵が簞食瓢飲陋巷《たんしひょういんろうこう》に安んずるのも、それぞれみんなその分において絶對尊厳の意味がある。要はただ誠をつくすにある。（士則）

或る人が彼に尋ねた。

「あなたは神に事へますか？」

「神に事へます。」

「何の神に事へますか？」

「その心に事へます。」

「どうして事へるのですか。」

「それは至って簡単です。米を供へるのでもない。肉を供へるのでもない。ただ欺かないばかりです。君子上・天を戴き、下・地を履《ふ》み、中・心を函《つつ》む、どうして欺くことができませうか。」（事神）

そしてこの語は実に彼の切実なる体験の表示なることを知らねばならない。

註　日本近代に於て彼の風格・閲歴に似た人を求めるならば、先づ副島蒼海伯を挙げねばならない。彼の歌に、

あやにあやに畏くもあるか天地のみいづの中に立ちたるわれは

といふのがあるが、その心境はすなはち醇乎として「誠」であり、また不欺の精神である。蒼海伯のことは是非とも篤志家の深い研究を切望する。私も去年の春、その片鱗を論じたことがある。山県や大隈等の傳と異なり、蒼海や泥舟については學的にも精厳なる研究ができるはずである。

六

考へては書き、書いては考へ、夜も早暁の五時に近くなった。最後に私は彼の趣味津々た

る小話を筆録してこの筆を擱《お》かう。

言戒と題して彼は語る。——

鐘鼓をみよ、鐘鼓は叩いてはじめて鳴るものである。叩いて鳴れば人は別に何とも思はないが、若し叩きもせぬのに鳴り出したらどうか。人はきっと魔性の物と思って気味わるがるであらう。叩いて鳴らぬのもまたこれはどうかしてをる。人間も、いはぬでもよいときにいったり、言ふべきときに言はぬ輩はまさにこの類である。

私は今宵これを読んだ刹那実に何ともいへぬ感に打たれた。また飯車の章に説いてゐる。

ある雨の日、余は外出の途中、小径の高い処に一輛の飯車が憩《やす》んでゐるのをみた。余はその人夫に車を指しながら、ひっくりかへるぞといって通り過ぎた。ちょうどそれから十歩とゆかないうちに忽ちわっといふ声がしたので思はずふりかへってみると、さきの車が覆《くつがえ》ってゐた。やがて人夫が余に尋ねた。「どうしてひっくりかへることを御存知でしたか。」

余はいった。「余は人間の事からしてさう思ったのだ。雨が降って道がわるい。そして車の憩んでゐた処だけが道が小高くて乾いてゐた。人間にしてもが丁度さういふ処をみんなして覗《うかが》ふものだ。しかるにその力を考へないで、久しくその位置を独占して人の進むのを妨げ

てをれば、必ず覆らざるをえない。車もその通りだ。

拾樵の章にはまた次のやうなことを述べてゐる。——

或る日道に雑木を拾ってゐる子供らに遭った。子らは互に約していふ。雑木をみつけたら一番先に声をかけた者が取ることにしようと。そして彼らはみんなで巫山戯《ふざけ》ながら歩いていった。しばらくして雑木をみつけると、たちまち一人の者が大声を出すと同時に、他の子らも我れ勝ちにこれを争うて、到頭殴りあひを始め出した。余は大いに感じた。天下の利害は雑木どころではない。我々は平生に先の約束や表面の交際をあてにしてうっかり暮してゐるが、一旦先呼して戦ふものがあったらどうなるやら分らない。

まだまだ語るべきことは尽きない。しかしながらさすがに私は疲労を覚える。これから私は朝の静かなる空気の中にしばしの美睡をえよう。一宵の浄き感激の労作を天に謝して。

（大正十一年）

西本白川の『康熙《こうき》大帝』

私は近頃白川氏の大著『康熙大帝』を讀んで真に不盡の感慨を催した。この書とその著者とについては、すでに天鐘道人の要をえた紹介もあるが、私は著者とただ一度小石川金鶏園の草堂で面語したことがあり、その人と業とには前後数年一貫して温い敬慕の情を懐いてきた。現代のやうな時世に特に氏のやうな人物と學問とは、私にとって珍重措《お》く能《あた》はざらしむるものがある。

現代において聊かなりとも思想學問をもって世に立ってをるやうな人々は概して頗る巧知である。日本でも古い學問をする人はいづれも、知らず識らず明徳を明らかにする方法をとってきた。明徳を明らかにする方法とは内外を一如して法爾自然に観るのである、冷暖自知するやうに物と一になって内から箇を味識するのである。直観の深義はまことにこゝにあるであらう。禅家に尽大地これ学人の一隻眼といふが、これ明徳を明らかにして儒家大學の境

と一味でなければならぬ。ただかくのごとき直観の結果として、一を抱いて流に随ふがゆゑに端的独露絶言絶慮である。到底煩瑣《はんさ》な概念的文字を著けない。そはやがて多く學人の純真な學的生命の枯死とともに思想學問の化石を歎ぜしめることになったであらう。

そこへ西洋文明の潮流に乗じて、従来に珍しく物を外から観、ある立場からその當相を寫しとってこれを概念や文字に表し、物を常に他との関係より考察する、いはゆる近代の學が普及した。綜合より分析へ——直観より反省へ——これが近代學問の傾向であった。直観には常に相應の人格統一が伴はねばならぬ。反省はまづ知性の明りを一面に投ずればよい。荘子にある南海の帝や北海の帝が中央の帝渾沌《こんとん》に對して、かへって人間の視聴言動の可能なやうに七竅《きょう》を鑿《さく》開した通り、かの知性的照明は凡情に誇らしく、また何よりも得がたく尊いものに思はれるのである。けれども外から物を見るかぎり飽くまでも相對的であって、絶對的風光を味識することはできない。巧知なりといへどもそれだけでは聖胎を養ふことができぬ。否うっかり七竅を鑿開しては渾沌が殺されるのである。今の学人の多くは七竅を開いて渾沌死せる類である。大學に志せる者はこれに臨んで哭《こく》せざるをえない。

このときに少くとも著者白川氏は當代における渾沌である。半生依然守拙の客であり、恐

らくは餘生旧によって抱樸の人であらうと思ふ。氏は材となって出でず、器となって現れない。終始深林の木のごとく健やかな山氣を吸って乾坤《けんこん》と神通してゐる。その語る言葉はまことに地の直接の言葉である。悲しいかな、今まであまりに自然から背き過ぎた人間の耳にその言葉は通じなかった。しかしもうぼつ〳〵迷へる人たちも故郷を思ふときである。氏の言葉に驚き目覺むる人々もだん〳〵に多いことであらうと信ずる。

それにしても何といふ訥々《とつとつ》たる言葉であらう。何といふ独り合點の叙述であらう。もう少しく時人を前にしてしんみり語れないであらうか。否々氏は現代の文化人などを眼中においてゐない。氏は時處を超越し、乾坤に独語してゐる。そしてその拙なる文が氏の性情の醇によってかへって読者に一種いふべからざる快感を與へるのである。

「述べて作らず、信にして古を好む。」とは正しく氏についても許すべきである。氏は古を好む。しかしその好古は信より必然に出づるものであって、しかもその古は決して徒らに古人物を偶像視するのではない。古今を一貫する道を礼讃するにほかならぬ。氏は緒論第十一頁に「吾人が道統の典型的人物を僅か二百七十余年前の最も近き康熙に取りて、支那が昔も今もやはり道の國で、内外を問はず苟も道の大用と其の統を継承する丈けの人格者さへあら

ば、何時にても乱を治に向はせ亡を存に回し廃を興に趨《おもむ》かせることが出来るといふ吾人の對支的信念を世に質《ただ》し度《た》い為め、発憤一番吾人をして慨然筆を執らしむることになった所以である。由来道を説くものは多いけれども、徒《いたずら》に遠い三代のみを憧憬してゐては所謂高きに登る必ずや卑きよりするを忘れた態度である……」と説いてをられるが、これ氏の古が古今を貫く古であることを明らかにせんとする婆心に過ぎない。氏のいよ〱切なる胸懐を忖度《そんたく》すれば、康熙大帝よりも更に近代の、否将《まさ》に出でんとする王を祈りたいのであらう。

　氏は明王の出現を翹望《ぎようぼう》せる人であり、常に力を極めて王道を主張せる人であることを忘れてはならない。今の世、明王の出現を祈る人あらば、世人は必ずやその迂愚を嗤《わら》ふであらう。實際このゆゑに氏を嗤ふ人の少くないことを私は知ってゐる。しかもその人々の多くは王の意を解せざる者であり、近代の政治現象に共通な民主共和的傾向に群集心理的雷同をなせる類である。

　王といへば直ちに桀紂やネロやジョンを聯想して専制暴君に決めてしまふのはまことに短見といはねばならぬ。王とは文字の成立よりして玉を想はれ、一転して社會的には人心の帰往、個人的には天地人三才を一貫する理想主体を意味するものとなり、実に人間精神の最高

要求―太極である。歴史の示すところ、生民は常に王を求めて王を得ず、王を實現せんとして王たりえなかった労苦の記録と観ることができる。この點において確かに氏も道破してをられる通り、我が日本は生知安行の國であり、これに反して支那は困知勉行であったといひうる。

支那において一番深刻な政治的要求は大なり小なり統一をうることであり、したがって統一の中心の確立することであるとは私も信じて疑はぬ點である。而して王とはすなはち統一の中心であり、王道とは純粋統一にほかならない。儒學者的にいへば純粋統一は居敬であり、王は至尊である。支那は（すべての國において、もちろんその通りであるが）何人か至尊を体現し、政治を敬虔ならしめねば到底治まるはずがない。ただその至尊体現が果して古来のごとく、また日本のごとく天子の形をとって出づるかどうか、向後頗る疑問であり、恐らく到底不可能事であらうが、王者は何かの形において幾段にも出なければならぬ。この意味において氏が三百年の歴史ある清室を惜まれるのは、いかにも同感に堪へぬことである。若し曽國藩のごとき王道的人物が清室に出でゝ天子の位を中興すればこの上ないが、よし大総統でも内閣総理でもよい、義政を行へば、生民はじめて大平を謳ひうるであらう。愚者には閲歴

も意味をなさぬが、賢人も閲歴はえがたい。支那の統治は前途ますます多難に相違ない。それだけに一方非常な吉人の出現と生民一般の向上とを熱望せざるをえない。氏の康熙大帝を著された胸底には萬古の愁があるとともに、氏の確信には現代人が紛々たる意見議論を控へて、しばらく切實なる反省の要がある。私は氏の舊著『大儒沈子培』とこの書とを近来の快著として広く有道の士に識らしめたいと思ふ。

（大正十四年）

曽《そう》国《こく》藩《はん》の日記

一

職業と一生といふ問題は大いに考へねばならぬものである。我々は平生よくいろいろな職業の人々から、揃ひもそろって同じ不平を聞かされる。例へば、医者は自分の子はどうあっても医者にだけはさせたくないといふ。辯護士は辯護士で、孫子の末まで辯護士なんて商売はさせるものでないといふ。小學教員は小學教員で、こんな仕事はもう自分一人で沢山だといふ。それなら何故さう自分がいやな職業にみづから擇んで就いたのか、またそれほど愛想をつかしながら、なほそのいやな職業を続けてゐるのはどうしたのかと問はざるをえないが、そこが實生活に寓する矛盾である。

真面目に考へれば、就職或ひは職とするところを定めるといふことは容易ならぬ問題である。人の生活のほとんど全部をなすものはその人の職であるから、職を定めることは、すな

はち生活を何にしたがって規するかの問題になる。

人間の生活にはおのづから一つの方向がある。個々の行為の間ならば、必ずしも一貫した目的方向を発見することはできないけれど、それが組織化された一つの生活となれば、そこには必然に「自性」の方向が示現され、意志の発展が脈うつ。故にその生活をよって以て規すべき職業を定めるには、我はいかなる個性を有するか、我は何を為さんことを欲するか等の點を厳密に考慮して、そしてそれに最も妥當なる職業を選擇せねばならない。換言すれば自己のやみがたき理想を一歩々々實現してゆくことの可能な職業、少くとも自己の理想と甚しく矛盾しない性質をもった職業を定むべきである。このことは確かに一生を有意義にかつ幸福にする重大な要件といはねばならない。したがって敬虔な、思索を好む、陰欝な學者的性質をもった人が、人情の反覆波瀾をきはむる政界へ乗りだすなどは、最も無謀な暴擧である。

しかしながら、多くの人々は決してそれほど出處を愼むものではない。否彼らの職を定むるにあたっては、今までの因襲や、家庭の事情、乃至は時流の趨勢のために動かされて、自己の性格や理想の問題はかへって著しく等閑に附せられる。したがって、ある人とその人の職とするところとの間には何ら深い本質的関係もなく、ただ偶然の結合に過ぎぬのが大部分

のものの實相である。それがやがて自然に自己と職業との質的背反を生じ、ひいて生活の荒涼を嘆ずるやうになるのである。

ただ生活の荒涼は必ずしも常に如上の原因からのみ生ずるのではない。或ひは自己の性格と、したがってそのやみがたき理想に駆られて身を投じた天職からも、また恐るべき悽涼な生活が生じやすい。そは理として崇高なるべき環境の現実的矛盾の牢獄に陥るによってである。その適切な一実例が政治家においても発見される。

政治家といふとき、吾人は真に重大な意義と職分とを要求する。理想に燃ゆる心は政治家その人を崇高な哲人にまで想像する。しかも翻って現實の政治界を眺むるとき、我らは俄然として悪夢をみるごとき感のするのをどうすることもできない。

身を修め、家庭を斉へえて、はじめて天下を治むるに堪ふるものであるといふことは、動かすべからざる理性の承認であるにも拘らず、政府はより悪しきものより、悪しきものを択ぶことであるといふ、実に驚くべき諺がかへって剴切《がいせつ》な警句であることを、同時に拒むことができない。

そして実際に、同胞の生活の安けさを確保し、その文化を進めることに盡瘁する代りに、

多くの政治家は政権すなはち自己の物質的利益を獲得せんとして、あらゆる虚偽・背徳・罪悪を演じつゝある。しからざるも、それらの忌まはしい跪《あが》きの中に巻きこまれて、器械のやうに蠢《うごめ》いてゐる。かくて、はじめは純浄な志操をもって政界に踏み入った者も、やがてこの驚くべく、またいかんともすることのできない周囲の光景に、あたかも砂漠に迷ひ入ったやうな心の荒びを覺ゆるものである。

或る一人の役人はいった。「机の上に堆《うずたか》く積まれた書類に一日没頭し、無趣味な問題のために有象無象と忙しく応接して、漸く夜分家に帰ったときには、書物はおろか、新聞さへ開いてみるに懶《ものう》い。官吏の生活も詰らないものだ。」と。また或る代議士はいった。「土地の払下げとか、鐵道の敷設とか、何とかの請願、何とかの運動と、毎日本當に席の温まる暇もなく、或る時は腹を探り合ひながら酒をのみ、或る時は白々と虚偽の応酬を交して、そして始終選擧の心配が去らない。一日でよいから一度しんみりと何か深い書物（靈に徹する意味に相違ない）が読んでみたい。」と。

かういふ思ひはやがて多くの政治家やその他の人に、意識的・無意識的に存在してゐるに相違ない。でも時々まださういふ述懐を洩らす人々は濟はるべき人々である。さういふ人々

はなほ全くその虚偽の生活に毒されきらぬ良心をもってゐる。彼らはその一脈の生気に新たな力を附與することによって、確かに自己を活かすことができる。しかしながら甚しきは、もはや全く虚偽の生活に痲痺してゐるものである。

彼らは自己の物的利益乃至快楽のほかに眼中何物もない。苟も私利のためには詐欺脅迫、あらゆる不徳を敢て顧みない。

他の人格は一飯をもって購ひうべしと信じてゐる。一飯をもって買へぬ相手は黄金をもって、酒食金銭なほかつ效を奏せぬならば、これに啖はすに美色をもってすれば、百事成らぬことはないと確信してゐる。かくのごときの輩が官をうれば、これによってできるだけまた酒食と黄金と美色とに飽かんことを求めるのである。某局に出願したがものにならず、よって某吏を某楼に招いて談じたが一向に要領をえず、更にこれを某楼に歓待してもなほ難色あったが、遂に某待合において低絃浅酌するに及んで、事はじめて成ったとは、ほとんどあらゆる利権屋の公式的方法ではないか。彼らは男児を獣のごとく遇し、女はしたがって獣慾の対象と心得てゐる。少くとも無意識的にしか振舞ってゐる。かく昼夜の境なく狂奔し、家庭を荒廃せしめて、もって活動家なりと自らも慢じ、人も許してゐるのである。

這般の消息は昨年来も、或ひは神宮参道工事に、瓦斯問題に、税関問題に、城東線問題に、はた満鉄問題に、あまりに露骨に示されてきた。人は政治家を政治家と呼ばないで、政治屋と嘲笑する。そして憲政五十年にして、早くも政党の意義も価値も頽然《たいぜん》として地を掃《はら》はんとしてきた。政府の更迭を目して國民は悪をもって悪に代へるのであるといふ。かうなれば、「より悪しきものより、悪しき者を擇ぶ」に比して更に悪い國民思想の悪化は、一部確かに政治家らが醸成してゐるのである。要するにこれらの群悪政治家の改善が國家のために、また實に彼ら自身のために、最も切實に考へられねばならない。

それには彼らが早くその心境を脱する工夫が肝要である。彼らもなほ人である。その胸には依然甦るべき良心があるに違ひない。

私は思ふ、待合の奥まった一室で、中夜乱酔の夢醒めたとき、深い夜の静寂のうちに寂しく輝く燈影を見つめて、自分は今まで一体何事をしてきたのであらう。かうして生きて、それがそもそも何事を意味するだらうかと我れ知らず考へ及んで、率然無量の不安を感じないであらうか。或ひは夕暮の薄明りに、終日奔走して疲れた身体を自動車に託してゆくとき、ふと夢のごとく、また幻のごとく、わが乗れる車が一個醜汚な肉塊を運んでゆくやうに思は

れはせぬか。それらの感じを打消してはならない。恐れてはならない。一旦虚偽の生活に慄然としたならば、それを機に今までの罪悪を思ひかへし思ひかへして、自らみづからを糺弾《きゅうだん》するがよい。ゆくりなく自己の形骸を醜汚に感じたならば、そのときこそ様々に自己の汚れた相を観ずるがよい。

そこに或る悟り、或る生命が生れる。

そのうちに彼の胸には或ひは敬すべき政治家の厳かな面影が浮ぶこともあらう。或ひは思ひもかけなかった聖賢の慈悲の相が映ずることもあらう。さうしたたびに、忘れないでその人々の心に結縁することを力めるのである。すべて我々の向上はみなこの道によらねばならない。

私は曽國藩の日記を読んで、ふとこんなことを考へた。

二

曽國藩は確かに支那史上においても稀に見る偉人である。私は常に、我々が偉人と仰ぐ人になくて叶はぬものは至醇の情緒――至誠であることを確信してゐる。これは独り偉人のみ

ではない。いやしくも人である以上はなくてはならないものであるから、まして偉人と仰がるべき人にはなほさらのことである。

この至醇の情緒・至誠の人格において、何よりも先づ彼は不滅の光を放ってゐる。若し彼を哲人的政治家と呼ばないならば、古今東西の史上どこにももはや哲人的政治家は発見されないであらう。彼のやうな尊い風格を彼の國の先史に求むるならば、蜀の諸葛亮、宋の司馬光、元の耶律楚材等はまさにその人々である。彼はこれらの人々に比するも、決して勝るとも劣らぬ偉人である。

彼は元来翰林出、すなはち学者系の人物である。そして生涯彼は敬虔な真理の使徒であったと同時に、またその後半生はほとんど一身をもって、内亂の鎮定と、國家の改革とのために捧げ盡された。内亂とはいふまでもなく、近世東洋史上に重大な意義を有する長髪賊の亂である。

長髪賊の大亂は決して単純な内亂ではない。ひとたび洪秀全が耶蘇教に附会して、ユートピアの實現を宣傳し、現實の権力階級を覆滅すべく叛旗を翻すや、四方の響応は恐ろしいものであった。事實清朝はほとんどこれがために顚覆の危険に瀕したのであった。

東洋史は今まで政権の推移以外にほとんど知られてゐないが、民衆の歴史として、是非ともこの髪賊や白蓮教徒の運動等を等閑に附してはならない。そはとにかく、この國難にあたって、前後十数年時局の救済に竭した彼の努力といふものは全く偉大なものであった。しかしながら更にさらに驚くべきものは、彼がその波瀾多き生涯を通じて、動静二境の間に寸時も怠らなかった心性の練磨工夫である。この点において、近世史中好個の對照をなすものは王陽明と彼とであらう。

ともに學者系の人物として、しかもひとしく兵馬の間軍功を樹て、そしてその動静二境の間に驚くべき工夫を積んでゐる。たゞ陽明は象山の流を汲んで、みづから道において一派を開いてゐるのに対し、國藩は専ら程朱の道を体して、生涯敬虔な道者であった。二人を對比すると、事功は陽明或は國藩に下らざるをえないが、悟においては確かに國藩を凌いでゐるやうである。曽國藩については是非とも詳細なる研究が発表せられねばならない。

彼のごとき人を空しく過去に埋没せしめておくことは日本人、殊に支那人にとって許すべからざる怠慢であり、また實に罪悪である。

國民がその先人の偉大なる心霊に結縁することを忘れるほど荒涼なことはない。

彼は至って筆まめな人であった。日記をつけること、或ひは備忘録を作ることは彼の大切な仕事の一つであった。

三

道光二十二年、彼が三十二の年、北京にあってつけた日記の中に課程十二条が定められてある。その中の九に日知所亡、十に月無忘所能と掲げてあって、その下に毎日書物を讀んで、その心得した話を記録しておくこと、毎月詩文を作って、そしてどれほど真理に参究することが深くなってゆくか、また心力を養ふことが盛んであるかどうかを験すことが書かれてゐる。某高官に愛馬一頭を献ずることなどは彼の日記のいづこにも見あたらない。

何人も若い頃は多少自省心のあるものである。それは青年の心はまだまだ純であるからだ。しかしながら次第にいはゆる世故に慣れてゆくにしたがって、その良心もだんだん麻痺してくる。そして自己を反省し、人生を観ずることなどは著しく曠廃されるものであるが、曾國藩に至っては、世寿を閲するにしたがってその工夫益々細かくなっていった。彼は功名の地位に上るにしたがって、愈々《いよいよ》慎み深く反省した。髪賊平定の大勲もむしろ彼にとっては

何らの誇りにも値しなかったらしい。世間的な功名富貴などは自分の魂に何物をも与ふるものでないことを彼は確信してゐた。否、往々功名を博し富貴に坐することが悪酒を飲むにひとしいことを痛感してゐた。

彼は何よりも魂のルーエ（Ruhe）を求めた。彼の言葉をもっていへば、「清明躬に在り、日の升る」がごとく、また「正位凝命、鼎《かなえ》の鎮する」がごとくあらんことに力めた。しかしそれは煩悩多く、煩累の繁い境涯にある者の、まことに難入底のことである。

彼がこの境地を望んで、いかに自ら励み、自ら省み、また悶えたかは、到底世の疎懶漢の思ひも及ばぬほどであった。彼の日記は這裏の消息に満ちてゐる。三十二の年の十月の日記には、「自分はこのごろ心神彷徨して、ほとんど主といふものがない。さりとてこの彷徨を防がうにも、何ともすることができない。まことに破釜沈舟の勢がなくては、これは済へるものでない。」と歎じてゐる。

精神の安立は惰弱ではえられない。一切の悪はみな惰弱より生れる。ゆゑに「君子は荘敬にして、日々に強い。しかるに彼は日々安逸を貪って、日に日に気力衰退する。これで強者

たらんとするも到底駄目だ。発憤々々切にこれを要する。」（癸卯二月）「ある秋の夜、彼は寝覺め心地が甚だ安くなかった。彼の胸にはまだ卑しい愛憎恩怨が融けきらないのである。昨夜彼の心は蕩として虚しかった。しかも一夜を隔てゝ今宵ははやこの有様である。」（巳未十月）「この正月彼は新たに志を立てゝ生活の一新を図ったばかりだ。しかるに半月もたたぬうちから、すべてを打棄ってしまった。彼はこのごろ身体の加減が悪くて、悶々の情に堪へない。思ふにみな私意私慾からだ。」（癸卯正月）「お蔭でこの頃書を読んでも、眼朦々として老人のやうだ。安肆《あんし》は恐ろしい。」（同二月）それに、「彼はどうもこの頃諧謔をいっていけない。」（同）「どうしても彼には胸襟の曠達な蕭然自得した一、二の好友が必要である。さうしてこれらと一緒にをれば、時々彼の缺点に貶してくれるであらう。」（庚申正月）要するに彼の心は宿なし犬のやうに彷徨《うろつ》いてゐる。これ「静字において工夫を缺いて」ゐるのだ。

何人も國藩のこの告白を読めば、いかに彼がよく自己といふものを始終省察してゐたかに驚くであらう。

彼は明治五年、六十二で歿くなった。その前の年の春の日記に、――「近年焦慮、過ち多し。一日として坦蕩の天に遊ぶなし。すべて名心甚だ切に、俗見太《はなは》だ重きの二端による。名心切なるが故に、學問において成るなく、徳行未だ立たずして、その媿《き》餒《だい》にたへず。俗見重きが故に、家人の疾病、子孫及び兄弟子孫の有無・賢否・強弱において、その縈《えい》擾《じょう》にたへず、是をもって憂《ゆう》慚《ざん》跼《きょく》蹐《せき》、繭の自ら縛る如し。今この二病を去らんと欲すれば、須く一淡字上に意を著するに在り。云々」と書いてゐる。

これによって観るも、彼は生涯脱落しきることができなかった。しかしそれがために彼はまた生涯驚くべき精進工夫の猛者であった。そこに人生の崇高な意義がある。彼はいふ。「百種弊病みな懶より生ず。懶は則ち弛緩なり。弛緩なれば則ち人を治するに厳ならず。功に趣くに敏ならず。一處に遅なれば、百處に懈《おこた》る。」と。（五十四歳春）

かく道において精進主義なる彼は暇あれば心を潜め、誠を竭して、先賢の英霊に遍参した。こゝの理を彼よりも更に幾段心劣り、品下れる我らは考へねばならない。

彼の日記には到るところ「夜深く、古来の政事人物を思へば」とか、「細かに古人の工夫を思へば」とか、「静中細かに思へば」等の語のもとに、深い思索が繰りかへされてゐる。

地をゆくときも、室に坐するときも、算盤を弾くことを忘れられない人々は、時に漫《そぞろ》にでもよい、古人の工夫を思ひたいものである。すればやがて何かの機縁から、細かに工夫を積むやうにもなるであらう。

彼は程朱の學徒であるが、莊子は愛読して、中々心得したところが往々みられる。孟子は最もその敬するところで、三十二の年の正月、その日誌に――「養氣の章を誦し、會するところあるに似たり。願くばたゞ身・孟子に私淑せん。造次顚沛《てんぱい》といへども、みな孟夫子前にあるあって、須臾《しゅゆ》も離れずんば、或ひは死に到る日以て萬を仰いで一を希ふべきか。」と記してゐる。

私は一度これを読んで何とも知れぬ感涙の溢れ出るのを覚えた。すべての人がみなこの信をもたねばならない。

韓退之・王陽明も彼が尊崇するところであった。そのほか、蘇東坡・陸放翁等の胸懐にも彼はいたく共鳴してゐた。彼はかつて東坡の詩――

生を治めて富を求めず

書を読むも官を求めず
たとへば飲んで酔はざる如し
陶然として餘歡あり

に数句を添へて、

生を治めて富を求めず
書を讀んで官を求めず
徳を修めて報を求めず
文を為《つく》って傳はるを求めず
たとへば飲んで酔はざる如し
陶然餘歡あり
中に不盡の意を含む
辯ぜんと欲してすでに言を忘る

として楽しんでゐる。

そしてもと〳〵彼は程朱の學徒であるだけ、生活を規律することに極めて厳であった。彼の偉大なところはここにもある。極めて戒律厳重でありながら、また往々この型の人物にありがちの窮屈なところがなくて、その気宇が飽くまで廓落《かくらく》としてゐる。そして非常に情味が濃やかである。

先にも少し述べた課程十二條にも、彼がいかにその日常生活において、みづから持することと正しかったかがほゞ窺はれる。

第一彼は早起であった。「黎明には即ち起き、醒めて後、霑戀《てんれん》するなかれ。」といふのが彼の主義である。霑戀するなといふところに彼の面目が躍然としてゐる。

さうして毎日何時に拘らず静坐を缺かさなかった。静坐のいかに重要な意義を有するかはここに説くまでもない。近頃誰かの著書にも、『まあ坐れ』といふのがあったやうに記憶する。これによって、彼はそのいはゆる「鼎の鎮する」ごとき工夫を積んで、「日の升る」ごとき清明を養ひつゝあったのである。かくて彼は必ずや坐を起つことも安祥、牛歩虎視したに相違ない。彼の畫像をみれば、私は必ずこれに思ひ到る。

正位凝命といふ彼の語も不盡の味ひがある。謹言をいふこともまた彼の厳重な心がけであった。彼は「謹言」のもとに「刻々留心第一工夫」と記してゐる。駄辯冗舌がいかに精氣を散佚するかは甚だ慎しむべき問題である。だから彼も自分はおどけが多くていけないといたく自責してゐる。したがって彼は酒色に淫することを最も戒めた。

課程十二條の終に、「夜・門を出でず。功を嘆《きら》し、神を疲らしむ。切戒切戒。」とあるごとき、それである。嘆功疲神・切戒切戒の一句は實に現代の群悪名士連に當頭棒喝である。國藩にしてこの工夫がある。彼らは宜しく再思三思して悟るべきであらう。

「氣を養ふ」ことには國藩は驚くべき綿密な工夫を積んでゐた。彼は氣を養ふために、氣を丹田に蔵むるにつとめた。人に對していふべからざることをしないと誓った。これかつて宋の名臣・司馬光の心行であった。習字もまた彼にとって養氣の一端であったらしい。彼は食事の後しばらくは字を習ふことにしてゐた。實際私たちでも、静かに机に對して滑かに墨を磨り下すときは、不思議に心意識の沈静するを覺える。彼も必ずこの間において大いに自得するところがあったのであらう。

かくのごとくにして彼は日常の瑣事からはじめて、綿密周到に心中の賊を折伏するにつと

めた。そして彼の工夫は次第に微に入り、細を穿ち、觸遇する種々なる関門を一関々々打破せんと試みてゐる。それは實に驚くべき努力である。

私はできるだけ彼の心蹤《しんしょう》を撓《たわ》まず辿りたいが、なほ語るべき多くのことはまた他日の機會に譲らねばならない。認め終って私はむしろこの一文が疎懶なる私のために書かれたものであることを自覚して無量の慚愧を覚える。

（大正八年）

黄《こう》宗《そう》羲《ぎ》の政治教育論

一

杭州濟の南にある餘姚は明一代を通じて二人の偉大なる英霊漢を生んだ。前者は有名なる王陽明であり、後者はすなはち黄宗羲である。黄は明末衰亡の亂世に出た熱烈な志士で、同時に陸王の流を汲んで、しかも敬虔な一代の儒宗である。特に彼が時政の頽廢に深慨して忌憚なき言論を発表した『明夷待訪録』一巻が、民國當初の革命志士の間にひろく愛読されたことはすでに周知のことであらう。彼は将軍家光の慶安二年、日本へ援軍を乞ひにきたこともある。私はその『明夷待訪録』中の學校論について聊《いささ》か現代に解説してみようと思ふ。

二

彼の議論を説く前に一言しておかねばならぬことは、昔からの支那政治の根本事情である。支那の政治は一見きはめて専制的・階級的で、毫も人民の意思とか、自由とかを認めてを

らぬやうであるが、事實はまるでいはゆる専制政治・階級政治とは思想の根柢を異にしてゐる。支那では太古は問はず、由来印度や欧羅巴諸國に存在したやうな階級（caste）といふものがなく、民は自然に平等で、ひとしく天下に蒼々としてその生を享くるものである。天は決して王といひ侯と称する、先天的に一般民衆とは懸けはなれた優種、一般民衆の覬覦《きゆ》を許さぬ意思と行為の主體を造ったことはない。真に王侯将相寧《いずくん》ぞ種あらんやである。（ヨーロッパの帝王神権論者はこれと正反對である。）

天はかくのごとく人間に特別なる種、絶對的社會階級（種）を造らずして、その代りに天に代って、この蒼生のために、蒼生の生活を確立し、その福利を増進すべき神聖なる機関を命じた。この天命による蒼生化育の機関を特に天子といふのである。天子とはすなはち天の代理者であり、天意の継承者である絶對神聖親愛の表現であって、同時にまた蒼生化育の機関の意を強めて天吏といふのである。しかるに蒼生の栄えるとともに、天子一人をもってしてはこの大任を果すことができなくなって、ここに天子を輔弼《ほひつ》すべき官吏を生じたのである。

そこで天子及び官吏はこの上なく神聖な意義を有するものであり、したがってこれに選任

せられる人間は一般人から無限の尊敬を致されねばならないのであるが、そこにまた非常な迷妄が伏在しやすい。すなはち天子官吏たる人間が前述のごとき神聖なる使命を充分に體現してこそ始めて天子官吏と称すべく、無限の尊敬に値するのであるが、若しこれに反して天子官吏たる職責を空しうするならば、厳正なる意義においてもはや天子でもなければ官吏でもない。むしろ天意を無視する罪人であり、匹夫である。尊敬どころではない。民衆は大いに彼を憎まねばならぬ。しかるに實際はこの見やすき道理を誤って、単に天子たり官吏たる虚器を擁することをもって絶對神聖視し、人民を自己の私有財産か奴隷のごとく思惟する。政道一切の堕落は實にこれより始まるといってよい。

三

そも〳〵天子たり官吏たる必要条件は何か。いふまでもなく、それは天命の奉體にあらねばならぬ。しかしながら或る人が天命を奉體せりといふ事實は何によって可能なるか。それは畢竟蒼生の輿論《よろん》である。天視は民視により、天聴は民聴による。民の輿論はすなはち天意の表現である。（天といふ語を究盡すれば民族の全的道徳意識といふべきであるが、それは支那哲学上の問題

になるからこゝでは舎いて論じない）そこで民は天子官吏を民自身の生々化育をつかさどる首脳機関としてこれに服すると同時に、これをしてその天職を全からしめ、ひいて民みづからその生々化育を遂げうるやう天吏を監視し輔翼《ほよく》せねばならぬ。政道の堕落民衆の痛苦は換言すれば民衆と天子官吏との不一致にほかならないゆゑに、これを救済するためには是非とも蒼生の輿論を伸張するよりほかはない。これが支那政治の正統思想であって、黄氏の學校論はこの思想を前提として出発してゐる。

彼の説によれば、學校は人物養成のみがその目的ではない。國家の政治を指導すべき公正なる輿論を代表しえて、はじめて學校設立の意義が備はるものである。そして彼は戦争、重大なる訟獄の問題、國家の祭祀等にまで學校を参與せしめんとしてゐる。しかるに實際は政治の一切を擧げて天子とその下の奴僕のごとき俗吏の臆断専行に任じ、肝腎の學校は滔々として官吏試験と富貴とに熱中せる俗吏養成所となってゐる。その結果自然本来の意義における學校は官立を去って私立（書院）に移った。かくて勢ひ政府と私學とは事ごとに意見が衝突して、政府の行為は常に私學の攻撃するところとなり、私學の言論は始終政府の睨《にら》むところとなって、ここに偽學の禁とか書院の廃毀《はいき》などが行はれるやうになったのである。（彼のい

はゆる天子とか朝廷とかの話は我が國では天皇を除いた単に事實上の政府と解すればよい。）

　しかしながらこれをそのまゝに放任しておけばいよ〱政府は民意から懸絶して、國家の政治は空しく天命を無視して行はれる愁ひが多い。（こゝで彼は學生の直接政治運動を認めてゐる。これに對して同時の王船山は反對意見を唱へてゐる。）　しかのみならず今日のごとき學校の有様では人物養成の目的すら遂に絶望といはねばならぬ。そこでこの際大いに學校制度の利用改善を謀る必要がある。そのために最も有力なるものは先づ中央の大學である。この大學に非常な權威をもたせ、大學総長（大學祭酒）には當代の大儒を推し、その地位待遇を宰相とひとしくする。或ひは宰相が退職してこれに任ずる。そして朔日《ついたち》毎に天子親《みづか》ら大學に臨幸して、宰相以下の大官も参列し、総長はこれに對して南面して學を講じ、天子といへどもまた弟子の列に着く。このとき國家の政治に重大なる缺點があれば、総長は忌憚なく直言せねばならぬ。

　次に地方郡県の中心として學校を建てゝ學校長を官選しないで各郡県の公議に徴することにし、名儒を請うてその議を主宰させ、布衣《ふい》以上退職の宰相に至るまで皆これに参與する。そして學校長はその下にあらゆる教授を選任することができる。若し學校長にして非行あれ

ば、諸生はともに起ってこれを排斥するも差支はない。また都會地には私學を許し、僻遠の地にも十人以上の童子があれば、學者の老いて仕官せぬ者をその訓導にあてる。これに對しては宜しく佛教や道教の建物を利用すべきで、その寺産は貧困な子弟の學資に供し、特に彼らの優秀なる者は進んで前記の學校に推薦入學せしめることとする。

それから郡県でも一日・十五日には大いに一邑《いちゆう》の人士を集めて、學校長が學を講じ、郡県の諸官は弟子の列に就き、北面してこれを拝聴する。このときには師弟互に疑義を論戦すべく、若し郡県の諸官のうち漫《みだ》りに缺席する者あれば、これに相當の罰を加へねばならぬ。そして、このときも郡県に失政あれば堂々と論難指導すべきである。たゞし、僻遠の郡県であって、容易に名儒を招聘することのできない事情があれば、郡県諸官の學行勝れたる者にかぎり、その際南面して學を講ずることを許す。しからずして官威を葦《かさ》に何の學識人格もない乳臭の俗吏が横柄にも老儒を排して南面せんとするならば、子弟は一斉に起ってこれを排斥すべきである。その次に注意すべきは督學官の制度である。督學官にも名儒を擧げてこれに任ぜねばならぬ。但し前述の學校長は決して督學官に隷属する者ではない。互に學識人格徳望をもって師友たるべき者である。そして督學官は同時にまた學生の俊秀なる者を試験し登

用する任務に當らねばならぬ。この學校に關聯《かんれん》して必要なことは各學校においてそれだけその地方の書籍を蒐輯《しゆうしゆう》して、一書毎に三冊を刊行し、一冊は内閣文庫に、一冊は大學に、一冊はその學校に蔵しておくことである。(彼は實用なき遊戯文學を極力排斥した) それから各地方において宜しく祠堂を作ってその土地の賢人や名官吏を表彰せねばならぬ。しかしながらこの祠堂に表彰さるべき人物はよほど慎重に選定すべきであって、決して地方の勢力家とか先輩とかの情實に左右されてはならない。

若し一部の人士に名を売ったり、軽薄な文人や頑固な訓詁《くんこ》學者、さては人に阿附《あふ》して功名を博したやうな人間で、すでに祠堂に表彰されてゐるやうな者があれば悉くこれを廃すべきである。入祠すべき人物は真に尊敬すべき政治家・實業家・文藝家・哲學者等でなければならぬ。

地方の名蹟先賢の墓祠等の保存表彰も宜しく學校當事者の管理に移すべきであらう。

四

以上は今日我々からみて彼の議論の要點であるが、もちろん彼我の年代及び國情の差違よ

りしてそのまゝ直接にわが國民教育の參考とはならないけれども、深くその思想を味うてみれば非常に啓發されるところが多いのである。

元来支那においては個人の行為と國家の政治とが甚だ密接に考へられてゐる。國家は個人の延長であり擴大であって、個人の行為と國家の行為とはその性質を同じくし、ひとしく嚴正なる倫理法を體現せねばならぬ。そこでこの政治を現實に担富する政治家はあくまでも道義の人たるを要する。ゆゑに宰相たるべき人はまことは司馬光のごとく、耶律楚材のごとく、曾國藩のごとき、真に哲人であり君子でなければならないのである。黄宗羲が大學総長に當代の學德超邁の大儒を推選して、その地位待遇を宰相とひとしくし、若しくは退職の宰相をしてこれに當らしめ、また郡県の高等學府の長を公選にせんとしたのは理想論よりすれば至當といはねばならない。よしそれほど理想を高遠にしなくても、少くとも内閣や各省の大官乃至地方長官等がみな相當に學者であり人格者であって欲しいとは誰しも思ふところであらう。例へば西洋ではウィルソンにせよ、バルフォアにせよ、バルツーにせよ、みな政治家たる以外立派な學者である。日本の政治家もせめて彼らのごとくあって欲しい。地方の知事などが退官後宮司に納まる者が近頃ぼつ〳〵あるやうであるが、それも身の振方に困って

やうやく發見した隠居仕事であってはいけない。

すべて今の官吏は青春の間からみな、行くゆく如何にしてつぶしを利かさんかとばかり考へて、少しも高遠な理想を懐かない。かく出發の第一歩からすでに荒んでゐるのであるから、終に濟はれないのである。どうかしてこの弊風を革《あらた》めて、官吏が官を去っても居然として天下の重きに任ずるといふ風を養はねばならない。學者もまたその卑屈な俗臭を脱して堂堂天下の正論を代言すべきである。今の學者はむしろあまりに卑屈なる沈黙を續けてをるのではないか。政府の壓迫などといふことがすでに都合のよい自家の遁辞《とんじ》である場合が多い。ちょうど私法學者の判例批評のごとく、公法學者も倫理學者も哲學者も各々その學的立場から政治に對する所信を發表するがよい。この意味において先づいかにして學者を優遇すべきかといふことも官民共同の緊急な重大問題であると思ふ。西洋に較べてはもとより、支那に比しても、我が國人は遙かに學問の尊厳を味識しない。特に富豪階級において左様である。

図書館なども黄宗羲が提言せるごとく、我が國では各地の中學からはじめて大いに図書蒐集に努力し、これをできるだけ一般に開放利用の道を講ずべきであらう。殊に彼が各地方において その名官賢哲を表彰すべき祠堂の必要を論じてをることは深く傾聴せねばならない。

内地を旅行するたびに考へることであるが、一體日本人くらゐ人間の偉大なる霊魂に對して鈍感な者はない。到る處に形式ばかりの神社佛閣はあるが、果してどれほど行人をして感激せしむるに足るだけの活きた英霊の表彰が存在するか。随處に見受けられる銅像のごとき、多くはかへって黄氏の顰蹙《ひんしゅく》を買ふものに過ぎない。

この點ではスコットランドやドイツやイタリーなどを旅行してきた人からいつも美しい話を聞かされる。それらの國では到る處スコットやゲーテやダンテが活きいきと行客の眉宇《びう》に迫って、さなきだに多感な遊子の心を動かすのである。

他山の石以て玉を磨くべし。彼の議論はたま〳〵もって我が國人の深い文化的反省を促すものといはねばならない。私はいさゝか感ずるところあってこの一文を草した次第である。

（大正十一年六月三日）

後編

昭和元年、金雞学院創設から昭和二十一年までの文章

春日潜庵語録

一

幕末の京都において、人物学行ともに異彩を放つものは春日潜庵（諱《いみな》は仲襄、字《あざな》は子賛）を以て第一とするも過言ではない。幕府奇傑の一人羽倉簡堂も、「京師ただ春日讃州（潜庵、讃岐守たり）・梁川星巖の二子あるのみ。その餘は語るに足らず。」といってゐるが、その星巖は、傲岸《ごうがん》な佐久間象山をして「天資俊絶」と評せしめ、豪邁《ごうまい》な藤田東湖にも「乱世の奸雄《かんゆう》」などと畏れられた人物で、もとより尋常一様の詩人などではないが、この人にして潜庵には全く傾倒し、「頽齢六旬、方に始めて道に志す」と感悟し、「吾れ幾《ほと》んど斯の生を錯過せり。今にして後、學の已《や》むべからざるを知る。」と述懐せしめた。西郷南洲も、常々人に語って、「現代の心ある青年は春日先生のやうな人について學んだなら、大いに有為の人になれるだらう。」といって、弟の小兵衛隆武や門下の青年たちを従学させた。私は陽明學の伝統を探ねて、幕末この春日潜庵と備中の山田方谷とに不尽の感激と教訓とをえた。

晩春一夜淡愁を覚え、燈下ふと潜庵遺稿に心をひかれ、その語録を繙いて、寝ぬるに忍びぬ静興のままに、語録を抄して、自らの養心とともに、學人の道資に供する。

潜庵に関する参考書は数多くないが、太田虹村著『春日潜庵傳』が一番よい。私もかって文部省「教學叢書」第一輯に、『春日潜庵の教学』の一篇を寄せた。後、野口静雄・春日潜庵が出た。

二

◇浄几《じようき》明窓、聖經賢傳を玩索し、或は史を読み、古今を評騭《しつ》するは、人生の一大快楽なり。世乱れて奔散し、飢寒迫促すれば此の楽得べからず。頑愚疾病なれば此楽又得べからず。然りと雖《いえど》も吾生は其の得べからざるに當って将に何を以て之に處せんとするや。一念の徹底洞達せば仰臥困頓すと雖も其の楽自如たり。頑且愚と雖も痛省猛省すれば通ずべきの理有り。乱離の世は活歴史なり。聖明の主、賢豪の徒、我れ親しく之を覩《み》る。豈《あ》に快ならずや。飢寒何ぞ患《うれ》ふるに足らん。浄几明窓忽ち飜《ひるがえ》って風塵馳驅《ちく》の場と為る。固《もと》より君子の好む所に非ざるなり。只其れ時なり。君子亦其の遇ふ所に安んぜんのみ。蓋《けだ》し君子の心、一身の計に非ず、一家の為に非ず。嗚呼其の見る所や遠し。其の期する所や大なり。小園の風月と襟懐の

適と一室に静観し、浩然自得す。

独逸の白耳義《ベルギー》・和蘭《オランダ》へ侵入した飛電を聞き、支那の近状・内政の紛紜《ふんうん》・蘭印對策の物論等に半日血を湧かせて餘熱未だ冷めず、時局の前途を案じ、自己の微力を慚憤し、暗愁といふか、奇恨といふか、一種言ひがたき情念を抱きながら、この一條を読んで、切々として身に迫るものがあり、我れまた何となく「浩然自得」らしいものの生じ来るを覚える。

潜庵は實に善く史を活読してゐる。ゆゑに史中の人物事蹟に関する卓抜な観察批評が随処に散見する。史ばかりではない、およそ書を読むにあたって、必ず彼は心得を旨としてゐる。確かに陸象山いはゆる「六経は我心の註脚」である。

彼は曰ふ、

◇学者個の甚麼《なに》を学ぶや。

また曰ふ、

◇蔵書万巻に盈《み》つと雖も徒に豪具のみ。善く読む者は多を以てするに非ざるなり。要は自得如何に在り。

また曰ふ、

◇古今文士・生を繇《をさ》む、往々国家の用を做《な》さず。蓋し其の平生精神散走し、或は文章を以てし、或は訓詁博識を以てす。故に自己精神・神ならず。事を料《はか》るに精ならず。卒《にわか》に庸々碌碌の徒たるを免れざるのみ。

彼にいはせば、

◇天下の書読み難き者は論語と易とのみ。古往今来幾何《いくばく》英傑ぞ。読み得し者鮮《すくな》いかな。

余もまた論語と易とは最も久しく反覆研究して来たものであるが、かくいはれてみると、なるほどと慚汗を覚える。その論語について、たとへばかういふことをいってゐる。

◇一部論語有らざる者莫《な》し。只二事有り、「養生」「立産」の二事之れ無きことなり。然れども聖人の教、此の二者を教へずして而て教其の中に在り。惟だ養生に従事すれば道義必ず熟せず。苟《かりそめ》に亦立産を事とすれば道義必ず忘るゝに至る。道義熟せんか養生安《なん》ぞ其の及ばざるを患《うれ》へん、而《また》立産安《なん》ぞ其の立つと立たざるとを患へんや。方今の人此の二事を以て至要と為す。是れ它《た》無きなり。志の立たざるのみなり。其の生を終へて亦養はず、而て産亦立つ有り、立たざる有り。縦令《たとへ》其の立つも、碌々身を終ふ。悲しむべきかな。

彼は幕末乱世に遭うて、身は京の久我家の諸大夫《しょだいぶ》(中世以降、親王摂関大臣等の家司に補せられ、特

に昇殿を許さるる家柄）として反覆常なき朝廷の機務に参劃し、また猜嫉忿争《さいしつふんそう》の忌まはしい公卿家の臣として改革の衝にあたり、つぶさに苦難をなめただけ、よほど易を学ぶことは深かったやうである。

◇元亨利貞の四字は易の綱領なり、而て工夫乃ち貞に在るか。貞吉、貞吝、貞凶、貞厲、何ぞ其れ亹《び》々告戒の切なるや。而て奈何《いかん》ともすべからざるの処に至りては艱貞の二字有り。是に於てか知る、宇宙處すべからざるの時なきを。然るに予怪しむらくは、従来易を解する者曰く、貞と雖も亦凶と。嗚呼貞而凶ならんか、如何せば可ならん。抑々是の如くならんか、禍を避けて利に就く、予其の可を知らざるなり。所謂貞凶は乃ち貞之凶を言ふなり、貞而凶に非ず。

元亨《こう》利貞はいふまでもなく乾卦《けんか》の彖《たん》辞。乾卦は易―造化の代表で、彖辞はその本質を約言断定したものである。

元は造化そのもの、全体としての造化、根本的及び創造的概念として、すなはち「もと」とか「はじめ」と解せられる。亨《こう》は「とほる」である。造化の作用を特に現したものである。利は「よろし」「とし」「きく」と解せられる。造化の作用による分化顕現受用を意味する。貞はもちろんその一貫不変の徳を意味する。約言すれば易は永遠の進徳修業である。その工夫は実に貞にあるとすべきであらう。易の卦を案《しら》べると、貞吉（たとへば需・比・随・壮・晉の卦に出づ）とか、貞吝（たとへば泰・恆・晉・

解の卦）とか、貞凶（たとへば師・随・巽の卦に）とか、貞厲（たとへば壮・晉・旅の卦）などと、いとねんごろに告戒してゐる。殊に艱貞（泰卦）の二字すなはち、艱に処して志操を変へぬときは、いかなる境地にも救はれることがわかる。しかるに従来易を説く者は貞凶の場合、貞といへどもまた凶、貞而凶などと解してゐる。たとへば事を為すにあたって、その道をうれば人の随喜をうるを示した「澤雷随」の卦の四爻《こう》の「随有獲。貞凶」を、人臣の極に在る者（四爻）が人心を獲たりすれば、主に迫るから、貞でも凶であると一般に説いてゐる。潜庵の久我公におけるは正にその通りであった。しかし人間貞にして、しかも凶と断ぜられては救はれないではないか。人間真に貞ならば徹頭徹尾それが吉いのである。それでなければ道理ではない。ただ貞にも段々あって、貞の徳も大いに修練しなければならぬ。すなはち貞にも貞の吉なるものあり。貞の凶なるものがある。前記のごときは貞の凶なるものであって、それを道に順って大いに修練すれば決して心配はない。さればこそ貞凶の次に爻《こう》辞は「孚《まこと》有り、道に在て以て明らかにすれば何の咎《とが》か有らん」と教へてゐる。流石は潜庵である。深刻な体験から深遠明快に貞を究明して、頭の下るものがある。かくして、

◇読史無窮の懐あり。千古を洞観し、古今を一視す。人生の一代快事。

といってゐる。共鳴に堪へない。

三

彼の英邁不群の気象は語録の処々に現れて掩ひきれぬものがある。

◇今世短處の數ふべき有れば便《すなわ》ち是れ第一等の人。東萊此の語晦翁象山の輩を指す似《ごと》し。

呂東萊は晦翁（朱子）や象山（陸子）の親友で、温厚着実な学者である。象山の彼を祭る文に「外朴内敏」と評してゐるが、能くその人を表現してゐるやうに思はれる。今世短処の数ふべきあれば便ち是れ第一等の人とは実に穿《うが》ちえて妙である。乱世に事を好んで奇を釣り名を竊《ぬす》まうといふ徒輩は論外であるが、さうでない真面目な君子は多く無事を希ひ、禍難を恐れ、只管失敗を取らぬやうに固くなってしまふ。そのために個人としては一點の非難もない整った者であっても、公人としては誠に凡庸無為、何の力もないことになってしまふ。しかし世の要求するところはかういふ人物ではなくて、明の呂坤の喝破したように、「剛明事に任じ、慷慨敢て言ふ」底の士である。その代りかういふ人物は「太《はなは》だ鋒芒を露すことを免れず。得失相半す」る。至公血誠の真骨頭から独得の短処を暴露するやうな士こそ第一等の人物である。日本の現状でもまた同感である。

◇己を奉ずるのみ。民に在らず。此の二語庸人の情態を写す。古今廉謹の士、己を苟守す

るのみ。天下の故《こと》に関係せざるは皆然り。

実に痛烈でないか。この二語、左傳僖公二十八年の条に出てゐるが、左傳はかういふ活教訓に富んでゐる。

◇大海時有ってか狂瀾を起し、大川時有ってか横流を生ず。區々守常の士は以て語るに足らず。

など、彼の「鋒芒の太だ露」れたものであらう。

◇大丈夫、卓然自立を要す。欺かざるは其の本なり。

この信念が肝要である。彼はいふ。

◇程伊川曰く、進まずんば退くと。此の句解し得て乃ち深妙を覚ゆ。造物変化の理此の如きに過ぎず。天下の盛衰も亦然り。

一読、人をして愓然《ぎくり》たらしめるではないか。

◇羊祜《ようこ》・呉を伐《う》たんことを請ふの疏《そ》に云ふ、夫れ之を謀る多しと雖も、之を決するは獨なるを欲すと。此れ名言なり。然れども皆一人より出づ。之を謀るは一人よりして万人に及ぼすなり。之を決するは万人よりして一人に帰せしむるなり。自心明らかならずして謀断の善

を欲するも能はざるなり。

◇晋の謝安言ふ、陶侃《とうかん》公・法を用ふと雖も而も恆に法外の意を得たり。噫《あゝ》法を用ふる者法外の意を得て始めて用法を得。然らずんば法を用ひて徒に法に縛らるゝのみ。韓商の徒是のみ。

読みきたり読みさって一々肺腑に徹するものがある。韓商は法家の代表・韓非子と商子。

四

英邁なる気象の裏に彼はまたゆかしい情操に富んでゐる。

◇雨窓獨坐、塵慮消散す。蕭條の中、適意を覚ゆ。而て知らざる者は以て苦むと為す。

彼もまた実は寂寞に游び、孤独を愛する者か。

◇険（逆境）夷（順境）に志を異にするは以て学を語るべからざるなり。夢覚めて趣を異にするは以て道を語るべからざるなり。

彼もまた「閑」を知り「適」を知る人であった。

◇人生間適最も好し。万物皆忙裏に過ぐ。

◇門を杜《と》ぢて却掃し、偃仰《えんぎよう》して書を読む。寵辱聴ゆる無く、得喪関する無し。人世の楽何物か之に如《し》かん。此れ清福の人に非ずんば乃ち得べからざるのみ。或るひと云ふ、是の如くんば人事廃《すた》るゝ有りて、天倫缺くるに至り、其の流弊老氏と佛氏とに近し。其れ可ならんや。嗚呼いかんぞ其れ可ならんや。惟だ其の時を得て以て其の楽を得べきなり。故に曰く、清福の人に非ずんば不可と。

このゆゑに投獄幽囚もまた彼にとっては清福であった。疾病もまたかくのごとき人には清福と化す。

◇読書妙境固《もと》より外境に非ず。心胸の朗然洞然澄然湛然に在るなり。而て夜深き最も妙。然れども少壮の時に在り。老年に在るが若《ごと》きは眼花困怠の患有り。雪天雨中、人事間少、獨坐衾を擁し、窓間黙誦す。其の妙言ふべからざるなり。

人生にしみじみと浸りきってゐる哲人のなつかしい面影が浮び出てゐるではないか。

◇夙《つと》に興き、夜《おそ》く寐ぬ、徳業を勤むる者知らざるべからず。精神俊爽は夙興《しゆつこう》に在り。志気深遠は夜寐《やび》に在り。

◇繁劇の中に坐して心亦閑。真に是れ達道の人なり。

◇心中本と閑。忙は外物之を累するなり。累心を去れば閑心来る。徒に閑を得んと欲する

者如何ぞ閑を得んや。

◇　十字街頭来往する者擾々として絶えず。試に観《み》よ、公事か私事か。造物の人に与ふるや、富貴功名は難からずして、閑なる者実に難し。万物皆忙裏より過ぎ去る。閑忙二路達人に非ずんば孰《たれ》か能く之を知らん。

◇　目前に急々たらず。身後の名を要《もと》めず。千古の事を渉歴して以て一心の微を盡す。斯の如き人は人たるに庶幾《ちか》し。

など、いかにも達人の言であると思ふ。抄録の楽は尽きないが、私もまた今や繁劇の中に坐して、いつまでもこの清興に耽ってゐることも許されない。しかしながら今夜は幸に「累心去って閑心来れる」ものがある。何となく古人に陪しえた道悦を以てひとまづ擱筆《かくひつ》する。

一言芳談

序説

昔まだ中学生のころ『徒然草』を読んでゐるうち、兼好法師が「尊き聖の言ひ置きける事を書きつけて、一言芳談とかや名づけたる草紙を見侍りしに、心にあひて覚えしことども」というて五条ばかり記録してあるのに、何心なく『一言芳談』といふ書名を覚えたが、その後一高を卒へるころ、沼波瓊音氏より『一言芳談』は思ひ入れの深い、本当に心芳の書であると聞かされて、心動きながら結縁《けちえん》せず、大学を卒へた大正の終の何年か、『仏教古典叢書』の中にふと本書を発見して、はじめて細読し、深く肝銘するものがあった。その後『日本教育文庫』の中であったか、湛澂の『一言芳談鈔』を読み直して、好い本だと感動を新たにしながら、いつとなく忘れてゐた。機縁といふものは不思議なもので、先頃拙稿『古人の自警と自述』の続稿に法然や親鸞のものを引用したとき、またふと本書を思ひ出して、それこそ

故《ふる》きを温めたいと思ってゐると、数日前書肆《しよし》の架上に『校註一言芳談』（多屋頼俊氏編・法蔵文庫）をちらと見かけて、早速購ひ帰り、日頃の多忙と疲労とを忘れ、夜半の枕上に讀み耽った。ここにこれを劄記《さっき》するのは、何となく亡き沼波氏の面影さへ偲ばれてなつかしい。本書は法然上人をはじめ、鎌倉初期の念佛者たちの信心より滲み出た妙悟の言葉を編したものであって、編者は明らかでないが、鎌倉末期に出来たものと思はれる。詳しい考証などは前記の諸本に委ねよう。湛澂（元禄の頃、洛北・報恩寺の篤学の僧）の序文に、

　徳行は本なり。学問は末なり。人を教ふるは又其の末なり。もし其の本末を知れば道に近し。是を以て本邦の古、堅操雅行其の人に乏しからず。世遠く、樸散ずるに迨《およ》んで、僧者敢て道徳を覬覦《きゆ》せず或は群籍を渉猟して博学を衒《てら》ふ者あり。或は玄理を狂解して放曠を誇る者あり。甚しうしては説法を以て芸能と為し、念佛を以て活業と為すに至る。皆是れ名を釣り、利を射、本を棄て、末に徇《したが》ふ者なり。先賢遠く此の為に慮り、古徳の要語を采輯《さいしゅう》して後昆に貽《のこ》し、之を一言芳談と命じ、巻を上下に分つ。撰者其の名を逸して考ふべからざるなり。余熟々《つらつら》之を読むに、辯にして華ならず、質にして俚ならず。一往して視れば浅近に似たり。仔細に之を玩《もてあそ》べば、日に意味の深きを覚ゆ。名利に沈酣する者の肝腸を冷すべきなり云々。（原漢文）

とあるが、能く本書の面目を傳へてゐる。平安朝末期のやうに荒んでくると、つきつめたものを要求せずにはをられない。かういふ信仰・思想・情操はやがて現代の要求するものであると思ふ。こゝに抄録するところは本書の一部であって、しかも編次は原書より意に任せて抽出排列したものであるが、それは為己《いこ》の學風の一手訣と諒されたい。

原　文

一

又つねの御すゝめに云。往生極楽をまめやかに思ひ入りたる人のけしきは、世間を一くねりうらみたる色にてつねにはあるなり云々。

（解）法然上人の言葉である。真剣と浮気とは正反対である。適切な例をひけば恋愛を考へるがよい。真剣に恋する女はわが恋人以外の世間の男は皆一向につまらない。一くねり世間の男を白眼視するやうでなければ誠に恋ではないのである。上人のこの語、人の心をぴたりと摑むものがある。軽薄者の及ばぬところと思ふ。

二

聖光上人云。篦《の》をたむるに、片目をふたぎてよくためらるゝ様に、一向専修もよこめをせざればとく成《なる》也。

（解）聖光上人は法然上人の弟子、鎮西流の祖。

篦は矢にする竹。

法然上人前述の語と併せて深く首肯させられる言葉ではないか。

三

小児の母をたのむは、またく其故をしらず。ただたのもしき心ある也。名号を信敬《しんぎょう》せんことかくのごとし。

（解）思はず涙ぐまれる言葉ではないか。何ごとにつけお母さんと叫ぶ小児の心にて南無阿彌陀佛と念ずることそ真に生きる姿である。それにつけても現世は、ただたのめしめじが原のさしも草我世の中に在らむ限りはといふやうな悲願の阿彌陀佛のいかに少いことであらう。衆生はさびしい。

善恵上人の弟子・松蔭の顕性房の語。

四

（明禅法印）又云。あか子念仏がよきなり。さかしだちたる事どもきこしめして被仰《おほせられ》云。身

のほどしらずの物おぼえず。

（解） 明禅法印は、参議藤原成頼の子。天台の高僧。後、法然上人滅後深くその説に服した。居常清貧に安んじ、一日燈料なく、垣の萩を焼いて書見してゐたことから、世に萩焼の法印と称せられた。さかしだちたるは利口ぶることである。自から賢さうにふるまふ間はものにならぬ。赤子が乳房を探るやうになって道を求めねば本当でない。全くである。

五

今度法印御房《ごぼう》を見たてまつるに、日来《ごろ》の所存をかへたる也。させる事もなかりける事を様がましく思ひける也。誠にほれぼれと念仏するには不如《しかず》云々。

（解） これは法然上人の弟子、また高野山の明遍にも師事し、高野に寓した敬佛房が、或る上人の話をひいて語ったものである。或る上人が法印御房（多分明禅であらう）に会って、平生想像してをったのとは全く違ってゐた風格から、なるほどかうなくてはと考を一変した。自然であるべきを業々しく思ひなしてゐたのである。念佛は何もわざとらしくするものではない。まことにほれぼれと念佛するほどよいものはないといふ意である。

六

有（るひと）云、慈悲をこそおこさざらめ、人をなにくみそ。

（解）慈悲といふやうなありがたい心にまでは至らずとも、人をにくむといふやうなあさましい心は全く持ちたくないものである。周茂叔が、窓前草除かず、わが性と一般なりといった境地や、蘇東坡が眼前天下一箇不好底人なしといった言葉なども思ひ合はされる。

七

黒谷、善阿彌陀佛、物語に云。解脱《げだつ》上人の御もとへ聖《ひじり》まゐりて、同宿したてまつりて、学問すべきよしを申。かの御返事に云、御房は発心《ほっしん》の人と見たてまつる。学問して、またく無用なり。とくかへりたまへ。これに候ものどもは、後世《ごせ》の心も候はぬが、いたづらにあらむよりはとてこそ学問をばし候へとて、追返されしと云々。

（解）はかない浮世に酔生夢死するだけでは堪へられず、永遠を求め、浄土に往生するを願ふは「後世の心」である。その発心者に巫山戯《ふざけ》た学問などは要らぬ。ここにゐる者どもといふのは南都（奈良）の学僧たちのことである。彼らは別段道心とてあるのではないが、ただゐてもしやうがないから學問してゐるに過ぎぬ。そんな中に交って軽薄な生活をして何になるかといふのである。善阿彌陀佛とはもとより念佛者の敬称である。親鸞門下の有名な善性であらうか、一言芳（法）談句解に

も、傳明らかでないとしてゐる。解脱上人は山城笠置山中に住んだ法相宗の貞慶《じょうけい》のこと。奈良の興福寺に住すること二十年、感ずるところあって笠置の窟に隠れ、けふよりはまたも出でまじながれてはうき世にいづる谷川の水と詠じて、行ひすました。左少辨藤原貞憲の子で後鳥羽天皇も御敬愛あらせられた。解脱上人とは勅諡《ちょくし》号である。

學問の得失に関しては、古来諸教の哲人ひとしく警告してゐること枚挙に遑《いとま》もない。本書にも肝に銘ずべき数々の物語がある。次にそのいくつかを列挙する。

八

明遍僧都云。無智にぞありたき。

（解）明遍は高野の学僧で、はじめは法然に服しなかったが、のち上人に帰依し、上人寂後その遺骨を頸にかけて生涯離さなかった人である。

九

敬蓮社云。日《ひ》来《ごろ》後世《ごせ》の心あるものも、学問などしつれば、大旨《むね》は無道心になる事にてあるなり。

（解）敬蓮社は聖光上人の弟子。九品蓮台の社友の意か。蓮社はもちろん盧山の慧遠等白蓮社の道交

より出づるものと句解にも説明してゐる。

十

明遍僧都云。或人たづね申云。一向に後世のためと思ひてし候はん学問いかが候べき。仰に云、始は後世のためと思へども、後には皆名利になるなり。おりおり仰られて云、某が身には、此御山に居そめたりけるが、悪事にて候ける。遁世しなん後はほたの上に、みそやきなどうちおきて、はさみくらふ風情にて有なんずるとこそ思ひしに、かへりて道のものになりて、ゆゝしげなるありさまにて候事、本意相違の事也。これは内心をば知らず、か様にて閉籠たる躰にて候事を、人の心にくゝおもへるゆゑなりとて、にがみたまひしなり。

（解）明遍は高野の名だたる学僧、顕密に通じ、隠逸の風格高く、高野山に韜晦《とうかい》して、朝廷より招かれても、固辞して出なかった人であるが、この語など、いかにもよくその風韻が現れてゐる。学問は最初の志は善くても、大抵後には名利になる。自分がこの高野山に居そめたのも悪かった。遁世すれば榾《ほた》の上に焼味噌でも載っけて、挾み食ふやうな簡素な生活をしたいと思ってゐたが、かへってその道に知られて、何やら偉い者のやうなことにされてしまったのはとんでもないことである。これはかういふやうに閉ぢこもった體にしてゐることの深い内心を知らず、心にくいこ

とのやうに人々が思ってゐるからであると、苦々しげに語ったといふのであるが、誠の述懐である。いつの世も、道徳にしても、信仰にしても、風流にしても、浅薄な讃美者が多いもので、達者を苦々しくする。

十一

願生房云。其昔明遍上人にあひたてまつりて十八道(一)傳授の次《ついで》に字輪観(二)受け奉るべきよし所望の處に、上人示云、學生《しょう》智者なこのみ給そ。釋迦佛の因位《いんに》(三)にも学生智者にてはましまさず。半偈《はんげ》(四)の為に身を投げ、虎の為に命を捨つる道心者にてこそましましか。然れば深法は無用の事也。道心こそ大切なれと云々。是を承って後輪観之を許さると雖も、習ひ奉るべからざるの志相催したりきと云々。

(解)(一)十八道とは真言初入の行法、十八契印ともいふ。
(二)字輪観は阿字観のやうに円相の中に梵字を入れる観法である。
(三)因位とは果位の対。佛果に到らぬ以前の修行の地位。
(四)釋迦牟尼かつて雪山に入って修行の際半偈のために甘んじて羅刹に身命を与へんとしたこと、涅槃經にみゆ。餓ゑたる虎を憐んで身を施されたこと、金光明經にみゆ。

十二

敬佛房上洛の時、覺明房、證蓮房等、語申云。むかしの後世者の振舞と、今の後世者の風情とはかはりて候也。昔の聖どもの沙汰しあひて候しは、其人は後世をおもふ心のあるかなきかの躰《てい》にてこそ候しか。今は學問し候べき器量などのあるを後世者のさねと申あひて候也云々。

（解）古人が人柄とか腹とか話し合ふところを、今は役に立つとか頭とかいふのと同じである。さねは真実器材等の意。

十三

忍阿彌陀佛、和漢の文字みなもて忘却す。仍《よ》って片假名之を用ふ云々。

（解）何だかうれしくなってしまふ。昔はさる禅師一向に字を識らず。子僧を呼んで問ふ。七の字は十の字の尻を右に曲げるのか、左に曲げるのか、子僧笑って、右に曲げ申すといふ。師呵《か》して曰く、噓つけ！　左に曲げるのぢゃろ。この禅師もよいが、識らざるよりはみなもて忘却するが更によい。仍《よ》って片假名を用ふるもよい。

忍阿彌陀佛は前記聖光上人の弟子忍空のことかとある。

かやうなことでは科学も興らず、文明は逆転するではないかなどと息巻く没分暁漢《わからずや》もまさかをるまい。

十四

敬佛房云。後世者の法文は義はあさくて、心ざしがふかゝるべき也。

（解）かつて或る人の話に、「汝その一対の歩行機関を冷却せんか、汝の腎臓機能に障害を来さん。」何のことかと思へば「アンヨを冷やすとオシッコが出るよ」とお母さんが水悪戯をやめぬ児を叱ってゐることに過ぎぬのに、近頃の文章はさう書くのであると。

甚しきはかういふのを學的と思ふ。実は甚しく非学的である。アンヨは果して単に歩行機関であるか。この場合、オシッコは果して腎臓機能の障害とみるべきか。人は動物なり。虎は動物なり。ゆゑに人は虎なりといふやうな論法が、學の名において現代いかに多いことであらう。これでは成佛できぬ。哲人のごとく思ひ、農夫のごとく語ってこそ。

十五

明禅法印云。後世をたすからんとおもはんものはかまへて人めにたつべからざるものなり。人をば人が損ずるなり。

十六

下津村*、慈阿彌陀佛云。竹はら聖《ひじり》がよき也。遠山の紅葉野辺の一樹などの様に、人めにたつはあしきなり。

（解）＊未詳。

竹はら聖は田舎の名もない、しかし出来た人のこと。

十七

行仙房云。天地はものゝ要にたゝずといへども、諸の事をふくめり。道人もかくのごとし。ただ何事も要にたゝぬ身に成たらん、大要の事なり。

（解）老荘の徒もまた欣然首肯するであらう。私の瓠堂《こどう》と号するもまた如是流の一掬である。行仙房は聖光門下の隠逸。禅勝房の弟子にも同名人ありと。

十八

行仙房云。ただ佛道をねがふといふは別にやうやうしき事なし。ひまある身となりて道をさきとして、餘事に心かけぬを第一の道とす。

十九

或上人同法を誡て云。物なほしがり給ひそ。儲《たくはへ》はやすくて、捨《すつる》が大事なるに云々。

二十

有《あるひと》いはく、遁世といふは、ふかく人をいとふべからず。但ゆゑなく人をおそるゝ又ひがいんなり。いまいとふゆゑはふかく名利をいとふゆゑなり。抑々《そもそも》又凡夫の行人《ぎようにん》は獨身にして難治なる故に、いたく名利をもよほさぬ同行一両人、あひかまへて、したしむべきか。それもおほくならば、かたがた難あるべきなり。

（解）ひがいんは僻因、ひがんだ因業である。凡夫の行者は独りでは淋しくて元気が出ぬ。厭味のない同行一両人はよからう。多くなるとまた難があると味のある言葉である。現代の道徳宣傳業者の群集主義浄化によい法水ではないか。

神保蘭室詩集

一

長い間探し求めてゐた書物を手に入れたときの喜びはいふまでもないが、偶然珍しい書物を発見したときの氣持は、思ひがけなく好い人に遇ったときと同様、何ともいへぬ楽しいものである。

このほど書肆でふと『宜雨堂集』二巻が目にとまった。宜雨堂といふ室名が何となく私の好みに合ふものでもあり、何気なく手にとってみると、神保蘭室の詩集であった。これは珍しいものである。今は滅多に得られぬ書物である。子の忠貞（一名貞一）の編輯で、文政五年の米澤版。有名な樺島石梁の序文や、立原翠軒の跋《ばっ》がのってゐる。早速購ひ帰って、忙中一夜、眠を減じて静読した。

蘭室名は綱忠、通称容助。米澤の藩士で、細井平洲の門に入り、その家塾嚶鳴館の塾長に

挙げられ、のち上杉鷹山侯の命により藩学興譲館の建設にあたって、その提学となり、四十年の間藩学のために盡瘁して、上下の敬仰を受け、師・平洲の高足として耻づるところのなかった君子人である。私の脳裏に蘭室の名を印してゐたのは、彼の尊敬すべき文勲よりも、ある逸事のゆゑであった。それは私が細井平洲に感ずるところがあって、その研究に心がけてゐた際、特に私の感興をひいた一事である。平洲がまだ貧乏で一家をなすこともできず、両國橋辺で辻講釈をしながら辛うじて糊口を凌いでゐた頃、ひとたびその講釈を聞くや、いたくその人物・学問に感動して、みるかげもない窮措大《きゅうそだい》に弟子入りした藁科《わらしな》松伯といふ医者があった。辻講釈を聴いてゐた仲間だから、さぞかし通りすがりの場末の町医者かと思はうが、さうではない。米澤藩の奇才である。この松伯は非常に風変りの面白い人物で、博學強記の學者である一面に、國士の風を備へ医術にも秀でてゐて、患者はいつでも満員で、座敷に這入《はい》りきらず、庭に筵《むしろ》を敷いてそれに坐らせ、薬の調合に弟子が六人がかりで、それでも手が廻らなかったといはれてゐる。彼は仁術の名に背かぬ医人で、重態な患者はどんな貧家でも、風雨の夜、雪の中も厭はず、家族のように熱心に診療してやった。そのために人々は彼を生神のように敬慕して、中には彼の肖像を画かせて拝む者も少くなかったといふことで

ある。この松伯が頗る性急《せつかち》で、履物を揃へて脱いだことがないといふのもおもしろい。彼が平洲の辻講釈を聴いたときはすでに、鷹山公といっても当時はまだ少年の治憲の侍医をしてをった。尤もさういふ彼もやうやく二十そこそこの青年であったらう。平洲とは九つ下である。彼は平洲の非凡な経世的学者であることを看破して、早速自藩の重臣で深く相許してゐた竹俣當綱を誘うてこれをも師事せしめ、自分が愛護してゐた少年秀才の神保綱忠を入門させた。

世人は地位・名声ある人なれば、つまらぬことでも感心して聞いたり、先に立って世話もするが、無名の人物などにとりあふものではない。まして辻講釈の貧乏学者などを眼中におかぬものであるが、そんな俗流と撰を異にして、市井の巷から平洲を発見し、推称力薦おかず、遂に米澤藩に平洲を結びつけたこの松伯こそ真に國手の名に恥ぢぬ人であり、かういふ人こそ世に最も尊い知己といふべきである。私はこの一事のために松伯を銘記し、平洲や興譲館をなつかしみ、蘭室をも忘れなかったのである。不幸にして松伯は明和六年八月、年僅かに三十三才にして病歿した。重態の報に接して平洲が枕頭に見舞ったとき、彼は病牀に起坐して「若君（鷹山）は幼より道の器であらせられる。これを善く輔導《ほどう》すれば必ず大成せら

れるでありませう。今や學に志されて、近く先生に教を請はれるに相違ありません。これ我が藩が治に向ふ秋《とき》です。米澤は辺鄙な処ですが、どうか千里を遠しとせず、御足労をお願ひいたします。私はこんなに大病ですが、幸にして死なずにすめば、もちろん國境までお迎へいたします。不幸にして死んでしまひましたならば、地下にあって先生を拝してをりませう。今日のお願ひはこれだけであります。」と語り終って泣いた。平洲の胸中察するにあまりがある。蘭室はこの人の薫陶のもとに育って、平洲の門に學を修めたのであるから、その風格粹養を想像することができる。米澤藩の教養は平洲を開祖とするが、これを維持し大成したものは實に蘭室である。彼は前述のように四十年にわたって藩学を司り、鷹山公は朋友をもってこれを遇せられ、世子は賓師の礼を執り、全藩の執事老職みなその門に出たるものであるから、藩士を招いて宴会を催しても、主人の蘭室みづから上席に坐って、客の方から献杯し、それが自然で、一向無礼でも何でもなかった。それに彼の風格が剛直の半面寛厚で、門戸を張るやうなところが一つもなく、磊落光明であったこともまた一段と人を服したことであらう。文政九年八月、八十四を以て歿した。

二

人の作詩は一首二首を見ては、一掬の水と同様、本當の色や味は分らぬが、詩集になったものを通読すると、一池一江に対するやうなもので、さすがに箇性や素養がおのづと現れてくる。いはゆる詩人の詩は一句一篇に巧妙なものが多いが、全篇を通覧してくると、書家の書、画家の画と同様、案外つまらなくて、中途に巻を措かざるをえぬことが多い。やはり結局は人品教養の問題である。蘭室の詩は別にとりたてて論ずるほどのこともないが、通読してゐると、流石に温粋な人品が髣髴として現れ、豊かな儒教的素養と恵まれた境遇がしっとりと、いふにいへない滋味になって伝はってくる。

母有三遷教　　母に三遷の教あり
父有一經遺　　父に一經の遺あり
魚蝦知依藻　　魚蝦も藻に依るを知る
鳥雀亦擇枝　　鳥雀も亦枝を擇《えら》ぶ

厚交多良友　　厚交良友多し
博学無常師　　博学常師無し
毎蹈無禍地　　つねに蹈む無禍の地
自懐跼蹐危　　自らおもふ(一)跼蹐の危
柳恵非可學　　(二)柳恵学ぶべきに非ず
魯男避嫌疑　　(三)魯男嫌疑を避く
乾々如不及　　(四)乾々及ばざるが如し
悠々存苦思　　(五)悠々苦思存す

―君子行―

註一　跼蹐《きよくせき》の危は天の高きにもせぐくまり、地の厚きにもぬきあしするほどの危険の意。小人の祟りを指す。詩經小雅祈父参考。

二　柳下恵、春秋魯の賢大夫。論語微子、孟子萬章、蒙求等によって周知の人物。自由放任主義の大人。

三　魯仲連が吾れ富貴にして人に屈せんよりは、貧賤にして世を軽んじ、志を肆にせんといって

隠遁したことを指す。彼の集中、魯仲連を歎称した詩もある。

四　まだまだといふやうに、いつまでも努力するの意。

五　この悠々は文天祥の悠々我心憂の悠々のごとく、無限なるものに参じて感ぜられる寂寞哀愁の情調をいふ。

の詩などは、思ふに彼の本領であらう。

泗水秋陽濯曝新
升堂入室幾千人
當時若遇明王知
不使狂生詠暮春

—読魯論—

（一）泗水秋陽濯曝新なり
（二）堂にのぼり室に入る幾千人
当時もし明王の知に遇はば
（三）狂生をして暮春に詠ぜしめじ

註一　魯（山東）国の川。孔子泗水《しすい》のほとりに教授せしを以て知らる。この句、孟子滕文公上に、曽子が孔子を形容して、江漢以て之を濯ひ、秋陽以て之を暴《さら》す。皜々《こうこう》乎として尚《くは》ふべからざるの

みとあるをいふ。すなはち孔子の風格は江漢の水にあらひ、強い秋の陽にさらしたやうに、純潔なること、これ以上の者はないといふのである。

二　高弟の称。論語先進篇に、子曰由也升堂矣未入於室也とあるより出づ。室は堂のさらに奥である。

三　狂生は曽點のこと。孔子が諸弟子の理想を問うたとき、彼ひとり天下國家をいはず、愛する少青年と暮春詠帰の情を述べて孔子を共鳴させた有名な話をさす。論語先進篇参照。

孔子がもしあんなに不遇に終らず、明王に見出だされて重く用ひられたら、どういふことになったらうか。恐らく曽點にあんなことを語らせることもできなかったであらうといふ。人世は何が福やら禍やら容易に分るものではない。おもしろい詩である。そして孔子と違って名君に重く用ひられて幸福な彼を想ひやるとき、また一入興味を添へる。

かういふ詩を読んでゐると、いかにも温雅な風格がしのばれるが、また往々その詩中には掩《おお》ふことのできない彼の膽氣《たんき》の躍動してゐるものが少くない。酔言などその一例である。

男兒處世磊々落々　男兒世に處する磊々落々として

當期唾手取功名
咄々毋為迂儒誤
廊廟之器失夙成
人豪振古混屠市
高陽酒徒呼狂生
八尺微軀三寸舌
憑軾英風一時鳴
七十余城不血刃
萬倍淮陰百萬兵
男兒當如此
世事何営々
書紳吾酔中之語
五鼎不食五鼎烹

當《まさ》に期すべし手に唾して功名を取ることを
咄々迂儒の為に誤らるるなかれ
廊廟の器夙成(一)に失す
(二)人豪は古より屠市に混ず
(三)高陽の酒徒狂生と呼ばる
八尺の微軀三寸の舌
軾《しょく》に憑《よ》って英風(四)一時に鳴る
七十余城刃に血ぬらず
淮陰百萬の兵に萬倍す
男兒當に此の如くなるべし
世事何ぞ営々たる
紳に書せよ吾が酔中の語
(五)五鼎に食はずんば五鼎に烹られん

註一　大臣宰相の器は夙成、すなはち早熟ではいかん。世の中の何でも彼でもわからねばならぬ。もっとも下情に通ぜねばならぬ。
二　豪傑の士は屠狗を業とした樊噲《はんかい》のやうに、名もなき屠人・市人の中に混じてゐるものである。
三　河南陳留県の高陽邑。高陽の酒徒は麗食其《れいいき》のこと。彼貧にして落魄すれども、好んで書を読み、辯才あり。長《たけ》八尺とあるから風采も相当であったらう。里の監門の吏をしてゐたが、里中の勢力家も憚って誰ひとり敢て彼を使役できなかった。後、漢の高祖をみこんで、その謀士となり、齊王田廣を説いて、その七十余城を以て漢に帰順せしめたが、淮陰侯韓信の齊國侵入のために齊王の怒にあって烹殺された。
四　この一時は忽ちの意でなく、その当時にの意。
五　大夫の祭には五鼎の肉を供す。すなはち五鼎を用ゐる地位。栄進の意。漢書主父偃傳《しゅほえん》に、大丈夫生きて五鼎に食はずんば、死して則ち五鼎に烹られんのみと。

長松といふ五古一篇があるが、格調も高い傑作である。

長松何特立　長松何ぞ特立せる
不屑百花叢　百花の叢をいさぎよしとせず
託根懸崖上　根を託す懸崖の上
垂條絶澗中　條を垂る絶澗の中
翠凝層霄露　翠凝る層霄の露
操凌厳冬風　操凌ぐ厳冬の風
自抱棟梁器　自ら抱く棟梁の器
魯般不施功　＊魯般も功を施さず
上駐蒼翮鶴　上には駐《とど》む蒼翮《かく》（はね）の鶴
下棲白髪翁　下には棲む白髪の翁
三物此相得　三物ここに相得たり
百年何所窮　百年何の窮する所ぞ

＊周の有名な機械の工匠

同じく五古に行路難といふ一篇がある。頗るおもしろい。

臨澗視巨蛇　澗《たに》に臨んで巨蛇を視る
躋山遇猛虎　山にのぼって猛虎に遇ふ
蛇當労隆準　蛇はまさに隆準《せつ》(一)を労すべし
虎宜付周處　虎はよろしく周處(二)に付すべし
二蟲不足患　二蟲はうれふるに足らず
所患在群鼠　うれふべきは群鼠にあり
鼠賊穴宗社　鼠賊宗社に穴ごもり
薫澆難可去　薫澆(三)去るべきことかたし

註一　隆い鼻。漢の高祖。一夜酒に酔うて澤中をゆき、大蛇に遇うてこれを斬る。

二　晉の周處、青年時代、細行を謹《つつし》まず、里人を悩まして、南山の虎、長橋の蛟とともに地方の三害といはれたが、それに発憤して、遂にみづからその虎と蛟とを退治し、それより學を修めて立身した。

三　ふすべても、水かけても、なかなか退治られぬ意。

人世も奸雄になればかへって始末がつくが、群小といふ奴は何とも始末が悪い。政治も権勢下に移って、為體《えたい》の知れぬ群下の策動になると収拾ができないものである。
彼はその居を宜雨堂と称しただけあって、雨を詠じたものに佳作が多い。

夜雨読書

幽窓閑拂帙　幽窓閑に帙を拂ふ
一雨浄吾真　一雨吾が真を浄む
乃與先賢笑　すなはち先賢と笑ひ
遂兼太古隣　遂に太古と隣す
奉身嫌處貴　身を奉ずるに貴《たかき》に處《よ》るを嫌ふ
知分好安貧　分を知って好んで貧に安んず
不恨生今世　恨みず今世に生まるるを
彼人我亦人　彼れも人なり我も亦人

春雨尋友人荘

微雨輕風落日遐
煙中何處故人家
谷口啼禽牽我去
野渓橋畔認桃花

微雨軽風落日はるかなり
煙中いづくか故人の家
谷口啼禽我れをひいて去る
野渓橋畔桃花をみる

春　雨

千金難買池塘句
此夕書堂聴春雨
孤笻明日趁新晴
芳草應生水南路

千金買ひがたし池塘の句*
此の夕書堂に春雨をきく
孤笻《きょう》明日新晴をおはん
芳草まさに生ずべし水南の路

* 晉の謝靈運の族弟恵連は詩の天才で、靈運も彼とをれば佳語がえられた。かつて終日好句がで

きず偶々夢中恵連に会って、たちまち池塘生春草の句をえて大いに喜んだといふ故事。

枕

単々因爾泣　単々　爾《なんじ》によって泣く
雙々為爾深　雙々　爾の為に深し
単雙情不一　単雙　情一ならず
應笑賤妾心　笑ふべし賤妾の心

この人にもかういふやさしい詩を発見して、微笑みつつこの稿をやめる。

（昭和十七年七月）

中西淡淵と細井平洲

一

この秋、中南支に遊んで諸方面をつぶさに視察し、いろいろな感想を抱いて帰ったが、特に痛感したことは概して人々の（しかも知識階級の）荒んでゐることである。

南京の一夜、枕頭ふと、上杉鷹山侯が一夕その師・細井平洲の孟子講義を聴いて、民を視ること傷つけるが如しの一節に至り、感動のあまり泫然《げんぜん》として落涙したといふ話を、侯の偉蹟録か何かで読んだことを思ひ出した。人間は平生全く忘れ去ってゐることが、思はぬ時機にひょいと浮かんでくるものである。

支那の民衆は不愍《ふびん》この上もない。その長い歴史は侵略・征服・革命・叛乱・流賊・土匪の物語である。山河破砕すとか、民塗炭の苦に陥るとか、餓莩道《がひょうどう》に横たはるといふやうな文句が、いはゆる形容詞でも何でもない、今も昔と渝《かわ》らぬいたましい事実である。斯の民を治め

導くものは、それこそこちたいことあげ、むづかしいイデオロギーの問題よりも先づもって、この鷹山侯のような心情をもたねばならぬ。かう思ったとき改めて鷹山侯や、特に細井平洲、ひいてその師・中西淡淵のことが偲ばれて、油然としてそれらの書が讀みたくなったけれども、旅中何ともしようがなく、夜が明ければまた忙しくなって、そのうち忘れてしまってゐたが、今度の旅に西下するにあたって、折よく思ひ起して、『細井平洲全集』(高瀬氏編)を携行し、東海道の車中、旅宿の明け暮れに、しみじみ耽讀した。

さうして今更のやうに思ったことであるが、現代に最も缺けてゐる大切なものは、民の師たり父母たる人の道である。世人は餘りに職業人化して、各々專門の智識技術に走り、功利に汲々として、己を空しうして人を思ひやるやうな優情に乏しい。社會政策は結構であるが、人間同志のことを次第に事務化した。我と人との關係は機械的組織機構になり、人々は全體を支配する法令にしたがって動いてゆく。人間は今や巨大な機械と化した。世の中は廣大な工場のやうになってゆく。この近代西洋國家的現象をいかに東洋家族的情義のあるものにしてゆくかといふことが、たとへ如何に難くとも心すべきことである。それには大きな愛、深い智慧、倦むことを知らぬ努力をもって、己を修め人を治めてゆく師父らしい人物の輩出を

熱望する。日本人が師父の道を體現するとき、大東亜の共栄はおのづから実現するであらう。八紘為宇も期して待つことができるであらう。戦争が心情を荒ませてはならぬ。否むしろ戦争が心情を深めねばならぬ。これを能くしたところに日本武士道の偉さがあった。今後の日本人も、國内において、また國外において、この點が自覺されるやうになりたいと思ふ。

二

師父といふことを考へながら平洲の書を讀んでゐるうちに、おのづとまた中西淡淵のことが偲ばれた。

＊淡淵は三河の出身。父は荘右衛門、後、尾張侯に仕へ、藩老・竹腰氏の配下に属した。彼は三河時代挙母《ころも》に生れたが、父にしたがって尾張に移り、竹腰の家臣・中西曽兵衛に養はれて中西姓を嗣いだ。通称曽七郎、字は文邦、名は維寧といふ。

彼は私といふもののない人であった。いろいろの意味で自ら偉くならうといふやうなことも考えなかった。學を好んで已《や》むにやまれぬ心から終身倦むことを知らず勉強した。弟子を

愛して己を立てず、才器にしたがって育成した。彼はいつも語った。古人のやうに己を修め、人を治めることなどは、自分ごときの到底望みえられるところではない。自分はただ已むにやまれぬ心から學ぶだけのことである。また、聖人の道は学問の深浅にあるのではない。徳を成し、才を育て、その器用を盡すばかりであると。

彼は身長六尺、手は垂れて膝を過ぐといふ、劉備を偲ぶやうな風貌であったが、身體が弱くて病氣*がちであった。弟子たちは彼が少しく勉強を寛うして静養されるやうに願ったが、彼は、みづから相するに長く生きられさうにはない。だから自分の好きなことをやるに如《し》かぬ。そして今日を永くするのだと答へて、意に介しなかった。著書を遺されるやうに勧めても、そんなことはそちこちでやってをる。別段自分がやることもないといって、あっさりしたものであった。

＊　彼は宝暦二年七月十五日、年僅かに四十四歳をもって芝三島の寓に卒した。

重病の牀にあっても、弟子に扶けさせ、机によって講釈した。いよいよいけなくなることが分ると、稿本をいくつも弟子に命じて焼却させた。弟子たちが惜むと、こんな未定の書を

残すと、後人を誤るかもしれんといって聞入れなかった。そして僅かに文集十三巻を平洲に託して逝った。

さういふ風であるから、學問上も何ら學派に拘泥せず、自由に取捨選擇して活用を旨とした。かうした人格でなければ真に自他を教育できるものではない。さればこそ彼の門に入る者は、春の野に咲く百花のように、各々性に率《したが》ってその美を濟《な》すことができた。細井平洲・伊藤冠峯・南宮大湫・鷲見東柯・飛鳥圭洲など皆かくして特色ある一家を成した人々である。童僕その恩を称して以て政に従はしむべしと文中子はいってゐるが、彼はこの言にも恥ぢぬ人であった。彼には権八といふ召使があった。以前いくたびも主家から逐出されたやうな男であったが、彼に仕へてからは二十年一日も苦を訴へたことがなく、淡淵が亡くなるとき、遺言して金五両を與へ、暇をとらせたが、権八は泣いて悲嘆に暮れ、遂に剃髪して僧となり、郷に帰ってひたすら主の冥福を祈ったといふ。『先哲叢談』後篇や平洲の文章でその人物・学行を知ってより、私淑の情禁ぜぬものがある。かういふ學者・教育家・政治家を私はいつも心から求めてやまないのである。

三

平洲[*]は淡淵が名古屋で叢桂社を開いて子弟を教へたとき十七歳で入門した。淡淵は三十六であった。

* 平洲、名は徳民、字は世馨、通称甚三郎。先祖は宇多天皇に仕へて著名な紀長谷雄で、その孫雄文が河内の細井郷に居住したところから採って細井を姓としたが、彼の六代目の祖雄貞が尾張知多郡平島村に移って、彼も此処に生れた（享保十三年）。平洲と号するのはすなはちこの平島のことであり、その故郷の如來山に幼い頃よく遊んだ思出から如来山人とも称した。私の実家は尾張で、私自身は河内育ちの上に、やはり紀氏であるところから、平洲に一種の親しみを覚えてゐた。とりたていふほどのことでもないが、一味の人情である。

その前年、平洲は京都に出て、諸名家の門を叩き、また和歌を習って、一年ほど苦學力行してゐた。見物かたがた入洛した両親は愛兒の勤學にかつは喜び、かつは案じて、金子五十両を與《あた》へて帰った。少《わか》い書生の身に莫大な賜物で、彼はその中十両ほど使って、残りはみな

書籍に替へ、それを二頭の馬に積んで、意気揚々と故郷に引揚げた。彼みづから、後年人の師表になれたのは京都の勉強と両馬のお蔭だと戯れてゐる。両親は彼に田地を分けて帰農させるつもりであったが、彼の志や天分をよく知って、彼の欲するままに講學に向はせた。

彼はまことに知己に恵まれた人である。人間相知の深い因縁はまことに世上得がたいもので、夫婦親子の間といへども、情愛は別として、ともすれば更に相解せずして終ることも少くない。相愛すると同時に相知ってこそ真の人倫である。人間の感激はここに生ずる。彼はこの父母をもって、更に名師・中西淡淵を得、二十四歳（寶暦元年*）夏、師の招きに應じて江戸に出で、師の勧めのままに近所に一戸を構へて講學に従事した。この淡淵の學徳によって、彼は同門に幾多の良友をえた。

＊この年、後年、彼と水魚の契を結んだ上杉治憲が生れてゐる。

彼がその後多くの系累※を擁して貧乏し、両國橋畔に辻講釈をしてゐると、藁科松伯のやうな奇才に遭遇して、上杉家に勧められるやうな道縁を結んだ。

＊　平洲には甚兵衛正方といふ兄があったが、家産を失ったので、その父甚十郎正長は平洲の親友・飛鳥子静に扶けられて平洲夫婦の家に帰し、飛鳥子静とその子も同居し、その上に同じく親友の小河仲栗夫妻とその二児も加はって、三家団欒の生活を送った。さぞかし大変なことであったらう。しかしあまり仲が善いので、近所の人々は始のうち全く一家族と思ひこみ、平洲の父正長に、あなたは本当に御幸福です。賢い御子さんを三人も、孝行なお嫁さんを二人も、可愛いゝお孫さんを三人もおもちになってと羨んださうである。

師友の縁に加へて、彼はまた知己の君にも恵まれた。米沢侯と結縁の以前、紀州侯治貞（宗直の次子。少時出でゝ西條藩主となり、後、本藩に入って重倫侯の後を承けた。）のごときも、寶《ほう》暦《れき》年間より彼に師事して、後年名君の誉高かった人である。しかしやはり何といっても縁の深かったのは上杉鷹山侯（治憲）と、これに次いでは徳川宗睦《ちか》侯（尾州藩主）とである。鷹山侯は前にも述べた通り誠に感激性に富んだ美しい心情の公子であった。平洲は一は松伯等知己の恩に感じ、一は＊先代重定侯の遺囑に報いる志もあって、誠を盡して輔導した。

＊　重定侯は暗君のやうに評せられてゐるが、この侯が平洲の講義を聞いて、深く彼に心を傾け、或る

時つくづく直丸（治憲の幼名）ことは我らと違ひ、末頼もしき性質にて、後々は家をも起すべき者である。よってその心をもって助けたまはるやう偏に先生に頼みまゐらせるといはれた由、平洲自ら述懐して、なかなか侯の暗君でないことを語ってゐる。（偉蹟録所引）

宗睦侯は文武兼備の英主で、これを輔佐するに人見璣邑のごとき英傑がをり、平洲はこれらの人々から厚く推重されたのと、一は郷國のために心力を傾注して教化に力めた。儒家として、彼ほど弘く藩政ばかりでなく、民衆に感化を與へた人は古今その例をみない。

四

何故この世の中にそれほど人々相愛し相知ることが少いのか。要するに陋《いや》しい我執といふものが意外に執拗なからで、さてとなると、みな頑固に我の殼を蓋してしまふ。

世の中に拂底なるものと申候は學術志行兼備と申す人に御座候。何國にも學者は學者風にて、書に對し候時は學者に御座候。人へ對し候時は世人に御座候（贈米澤侯書）

獨り學者ばかりではない、世の治者も事なき折や、書に対したときは、治者の心になって

ゐても、ひとたび事に臨むと「世人」に返ってしまふ。人の師長たる者は終始渝《かわ》らぬ誠がなければならぬ。彼の嚶鳴館遺草にはこの點に関した見識が多く述べられてゐる。「大體師長は素志素行正しく、片見片氣無之、學問も讀書廣く見渡し、古今の治乱興亡人情變態によく通じ、唯だ人を親切に導き、はなたらしの小童迄も何卒善行善心の人になり立ち候様にと、實情に取飼ひ候人」に限る。「素志と申すは幼年より存込候よき志をいつまでも持通し候事に御座候。素行と申すは幼年より平生所行よろしく、壮年に相成候ても右の善き行をたゆまぬ人を素行ある人と申候て、はえぬきの人間に御座候。」

　はえぬきの人間はいかにもおもしろい。終始渝らぬ誠といったのはすなはちここのことである。はえぬきの人間と同時に、彼はまた師長は「癖のなき人」たることをも力説してゐる。詳しくいへば、「師傅の徳は仁厚長者なるを第一として、師傅の才は博学多通なるを第一とす。其人仁厚なれども博通ならざれば暁喩《ぎょうゆ》の道ゆきわたらず。其人博通なれども仁厚ならざれば忠篤の誠うすし。この両様を兼たる人を成全の師傅とすべし。但し學徳全備の君子は常にしもあらず。まづ人となりおとなしく、正直にして、人の賢をねたまず、人の善言をきくを好み、ひとの美行を稱《しょう》することを好み、古今の經籍にかきしるせる話言といへば、一

筋に敬信して、一言一行なりとも日々に人に学び聞て是を今日の用にたてむと思ふ心のある人ならば、師傅の位を授け候ても害なかるべし。利口發明に取廻して、是に似て非なる人を此任にすうれば、善人は日々にうとく、辯佞《べんねい》は日々にすすみて世子の言行を敗ることとふせぎとどむべからず。尤《もっと》も恐るべきこと也。つまる所は師傅の官に任ずる人はつとめて學問をすべきことなり。」誠に確論である。

ところがこの學問をすることが、かへって前述のやうな人柄にはまゐらずに、ひねくれる者が多い。彼もそれを指摘して、

「さまで見出したることもなきを珍らしく大相に申唱へ、ただ俗人を驚し申す事を自己の手柄と心得候を古人は學ぶ所にそむきたる人と申候て、不具合の甚しきひとに御座候。か様なる輕薄の人種に相成候へば、見るを見まね、聞くを聞きまねに、何わる心もなき素人もなまなかこの學問故にもて餘したる人に相成候事世上に不少候」といってゐる。また「凡そ學術に流儀の角立ち候人は心に邪氣の募《つの》り候ひし始にて、其の果は御國政の害にも相成る基に御座候」(米澤學校相談書)といひ、「必竟宗論をつのり候僧は悟道徹底の師には有之間敷候。學脈のみを申しつのり、徳行の沙汰に及ばざる儒者も難信人と被存候。人君の學政を御

世話やかれ候主意は能く教へて人民を善に向はせ申す事が専務に御座候。」（遺草巻五）「左候へば先づ其の人の徳不徳を御撰み被成候て、流儀の處はさのみ御撰み無之候ても可然様奉存候。己々流儀を偏屈に申し唱へ候て、他流を排棄致候は全く其の儒者一人切の私心にて御座候」（同）といふところ一々首肯せられる。だから、

「總て人を取育て申す心持は、菊好きの菊を作り候様には致す間敷儀にて、百姓の菜大根を作り候様に可致事に御座候。菊好きの菊作り候は、花形見事に揃ひ候菊計りを咲せ申度、多き枝をもぎとり、數多のつぼみをつみすて、のびたる勢をちぢめ、我好み通りに咲くまじき花は花壇中に一本も立せ不申候。百姓の菜大根を作り候は、一本一株も大切に致し、一畑の中には上出来も有り、へぼも有り、大小不揃に候ても夫々に大事に育て候て、よきもわるきも食用に立て申事に御座候。此両様の心持を辨へ可申事に御座候。人才は一様には無之ものにて、一概に我が持方の通りにのみ仕込可申と存じ候様なる片気にては被教候人も堪《たま》り兼《かね》候ものに御座候。知愚才不才夫々相應に取かひ候て、必竟よき人にさへ相成候へば、何ぞ御用には立ものと申す心得無之、識度狭小なる人は師長には難致事に御座候」である。

彼は米澤の藩校に興讓館といふ名を撰んだ。恭讓礼讓の風を興すことが最も天地の道であ

り、人間の美徳であり、師長の徳たることを信じたのである。まして弟子たるものはいよいよ謙譲の美徳を養ひ、師長を尊ばねばならぬ。遺草の中にいってゐる。

「師を尊ぶと申す道をまづ心得申さず候ては参らざる事に御座候。古今共に師を尊敬仕候事は重き道に御座候。申せ聞かうと申様なる疎末なることにて、何を承り候ても無益なることに御座候。」

誠に長幼の序なく、下は上を剋し、人々相凌いでいかにして人道の榮があらうか。私は深く人類文化の根柢に師父弟子の道を興さねばならぬことを思ふ。（昭和十七年十一月）

南村梅軒と吉良宣経

一

禍かと思へば福の倚《よ》るところ、福かと思へば禍の伏すところで、まことに人世の因果は測りがたい。應仁・文明の亂は京都を徹底して破壞したが、そのために都の名流は四方に落ちて、思ひがけない田舎に新しく文化を移植することができた。肥後の菊池、薩摩の島津、周防の大内諸家の文化などその著しい例で、土佐の南學もまたその結果である。

應仁の亂に一條関白家も難を避けて、太閤一條兼良は奈良に、子の教房は兵庫にあったが、土佐の豪族長宗我部文兼に誘はれたのが縁で、應仁二年教房がはじめて土佐に下り、幡多《はた》郡の中村に住まひ、豪族たちの推戴を受けるやうになった。當時土佐には七人衆といって、安藝・山田・長宗我部・本山・津野・大平・吉良の七豪族が勢力を張ってゐたが、いづれもまだ素朴で、京の名門である一條関白を敬ひ、教房の次男房家が土佐の國司となって、これ

らを支配した。この房家の室が、周防の豪族大内義興の女である。大内氏は義興、その子義隆のとき、周防・長門・豊前・筑前・安藝・石見六州（後に備州も）を管領し、海陸交通の要衝に當り、貿易の巨利を占め、日本屈指の大勢力で、文化の一大淵藪《えんそう》であった。その義隆の養子は一條房家の三男義房である。そこで幡多を中心に、土佐には京都の傳統とともに、大内氏の文化が大いに流傳したことはいふまでもない。しかもその大内氏が天文二十年あへなく滅亡するに及んで、學統は全く土佐に移った。その大宗が有名な南村梅軒である。

梅軒は極めて風格に富んだ達人で、中國・九州に偉大な感化を遺した桂庵に學んだことは信ぜられるが、いかなる人であるか明瞭ではない。その終る所も、知己の主・吉良宣經が天文二十年卒去とともに杳《よう》として分らぬ。離明翁とも号したらしい。禅家たるは疑ないが、禅僧ではなく、俗體の禅儒といふべきであらう。（大内氏実録列傳・大高坂芝山南學傳・寺石正路南學史等参考）

當時土佐七人衆中、最も勝れた人材は弘岡の城主吉良宣經であった。英雄は英雄を知る、山口の亂を逃れて、飄然一條家の土佐に流寓した彼は、この吉良宣經の幕賓となり、一門の賓師として偉大な感化を與へ、その學脈は土佐に弘まって、後世長く幾多の英雄哲人豪傑志

士を生んだ。

二

戦國土佐の武士道哀史を語る吉良物語は私の愛好やまぬものであるが、その原本は本佐郡宗安寺の僧信西（如淵子）の作である。この信西は吉良宣經の従弟右近宣義の甥にあたり、吉良家の怨敵長宗我部元親の甥親實（同じく吉良を姓とす）の異父兄にもあたり、奇しき因縁の両吉良家（幕臣吉良家とは全く異る）に血縁をもって、梅軒に學び、南學三叟（信西・忍性・天室）の一といはれる。この吉良家一門はその頃人材が一時に輩出した。中でも宣經は實に稀有の名君であった。戦國邊土の武人に似もやらず、若くして道を好み、學を修め、見識高く、器量大きく、一族は彼をめぐって太陽のごとく仰ぎ、領民は心から敬ひ服してゐた。

明主に四得あり。己を得て而《しこうし》て後に人を取るを得。時を得て而て後に敵に勝つを得。智は遠く敵を制するに至る故に、克《よ》く永く其の邦家を保てり。暗主に四失あり。時を失うて而て後に敵に勝つことを失ひ、人を失うて而て後に己を失ふ。惛《くらく》して近く己を忘るるに至れば則ち戮辱《りくじょく》を後昆に貽《のこ》す。其の明暗の分、辨ぜざるべからざるなり。―と彼は子に教へてゐる。

彼はその明主であったが、不幸その子は凡ならぬにも拘らず暗主となった。彼の大将心得四戒や、廿四ヶ條よりなる吉良條目は、戦國名将の素養と政治家としても勝れた點をよく表してゐる。

彼は國司を戴いて不逞の徒を討ち、四國を平定せんとする雄図を年若き胸中に蔵しつつ、正しくも先づ「己を得る」ことに志し、ここに端なくも好個の賓師梅軒をえたのであった。梅軒は彼のために朱子新註の四書や孝經、孫子・呉子などを講じた。「能く師を得る者は王たり。友を得る者は覇たり。」といふ呉子の説など、恐らく彼の心眼をいかに開いたことであらう。

○ 儒者の學とはどういふものか——宣經は問うた。梅軒の答に、

△ 儒とは學者の総称である。これに小人の儒・君子の儒の分がある。また達儒・腐儒・真儒・曲儒等の目もある。記誦の末を務めて、義理の源に昏《くら》く、徒に名を賣《う》り禍を買ひ、利習に牽かれ、私欲をこれ計る、これは小人の儒である。文章字句の跡に拘泥し、一般の時務を辨ぜず、當世の用に適せぬもの、これは腐儒である。その心頑曲偏頗で、専ら古道を引き、今政を謗《そし》り、己を責めずして人を尤《とが》め、筆舌を巧にして、是非善悪を顚倒するもの、これは

曲儒である。

君子の儒はこんなものではない。仁義の道を講習し、心得して躬行《きゆうこう》し、道徳の大より生活の細い処まで、徹底して理會し、何物にも捕はれず、臨機應變・自由自在、言行一致・心貌和同、修身斉家治國平天下ができる。これは道義の學である。

君のお尋ねは何の儒であるか。

○　願はくば道義の學を聞かう。

△　つぶさに四書に具はってゐるから、それをお習ひなさい。

○　日々に切なる工夫は？

△　身に反り、獨を慎み、人を尤《とが》むるに薄く、怨に遠ざかるにある。

○　それでは更にお尋ねするが、日々事を謀るにあたって、真偽是非の分ちがたいような場合、しばらくおいて、ゆっくり考へるのがよろしいか。

△　事には緩急がある。概していふことはできぬが、しかし急迫は多く失錯を招くものである。世間何事か忙裏より錯《あやま》り終らざるとは張参政の教ではないか。昔漢の劉豫州（劉備）は智あって遅く、我が源豫州（源義経）は智あって速かったといふが、しかるに遅い方が成功

して、速い方が失敗してゐる。思ふに遅い者は智慮周到なるがゆゑに終を保つのであるが、速い方は心事周密ならず、獨断を好んで、人の謀を容れぬ。これ一時の意を快くするやうでも、遂にその終を善くすることのできぬ所以《ゆえん》である。今日の源豫州（宣經亦現に伊豫守で、源頼朝の弟希義の後裔）はどちらであられるか。

○宣經笑って、余は愚拙、古豪傑の万一も望みうるものではないが、獨断を好まず、人の謀を用ふることは願ふところである。

△結構々々、古今人君の大道これに過ぐることはない。舜は問ふことを好み、禹は昌言を拝し、ともに明治を極め、唐の太宗また諫に従ふこと流るるがごとく、遂に貞観の太平を成した。およそ我が身の非は自ら見がたく、人に匡《ただ》すに若《し》かぬ。天子諸侯諍臣あれば國天下を失はず、士諍友《そうゆう》あれば令名を離れず、父諍子あれば身不義に陥らぬものである。古の明君は一令を出さうと思へば先づ三老五叟に問うてしかる後施行した。智徳ある人は疎きも親しみ、その言を盡させて我が心の非を正した。軍を出すときは、謀主を置いて相與《あいとも》に軍政を議し、戦に際しては諸将と画策し、その策の善なるものに従って必ずしも己を用ひず、故に治乱ともに能くその國家を保ち、能くその位に安んずることができた。しかるに今の諸侯多く

は、人の策に頼ればみづから無策にみえ、人の能を用ふればみづから無能にみえ、古の法に従へば今はなきに似、名士を他邦より招けばその家に人なきやうにみえると考へる、大いなる誤である。

○　訓誨一々感激の至、世人は学問が渾《すべ》て心の助にならず、事にも役立たず、かつ書を讀み、字を解するがごときことは僧侶のことで、武夫の道ではないやうにいひ、自分も窃にさう思はぬでもなかったが、今にしてはじめてその惑を解き、大事これに過ぐるはない。

△　當世は真儒なく、小人の儒が多いから、世人のさういふのも無理はない。たとへ僧侶とて書を読み字を解するが能事ではない。禅家は直指人心不立文字といってゐる。明らかにこの心を暁《さと》るは禅法に若《し》くはない。心は身の主にして万事の根である。心が定静でなければ何事を成しえよう。

○　兵書は何が最も宜しいか。

△　七書以上のものはない。就中《なかんずく》孫呉が一番である。――

かういふ風に梅軒はぴたりぴたりと宣經の疑問に答へて、ぐんぐん彼を學問修道に誘うた。宣經の従弟で、家臣筆頭の吉良右近宣義もまた梅軒に傾倒してよく學んだ。梅軒は宣義

に學問の方法を説いて、學に進むには漸がある。速成を欲してはならぬ。循々として已《や》まぬにかぎる。已まねば遂に得るところがある。すでに得るところあればおのづから已むことができぬ。故に學んで三年間断なければ必ず得るところがあるであらうと教へてゐる。真に名言である。

問答の片鱗からも、彼の見識・悟道・器宇の非凡さが看取される。彼は學ぶ者に対して常に存心と謹言と篤行との三事をもってした。平生身を持することも淡泊で、いはゆる菜根を咬みえて晏如たる風があり、更に名利に意なく、道義を尊んで、沈黙寡言独り卓然として立つ概があった。大高坂芝山（吉良宣經の老臣・大高坂經久の子孫。徳川五代将軍当時の大儒）の傳賛に、南淵を王朝儒學中興の唱主とし、南村を南方経業勃起の濫觴《らんしょう》として、南村梅有り、幽芳絶研、万花の頭上に孤立して、天下の春先に独歩すと賛してゐる。

三

英雄の薄命は美人のよりも多恨である。吉良宣經はいよいよ文武を兼修して國司の信任を得、四國の平定より旌旗を上方に進める大志を抱いてゐたが、たまたま彼と對抗した岡豊城

の長宗我部國親（一に元國ともいふ）と布師田の一戦に、陣中病を獲て帰り、天文二十年九月十二日享年わづかに三十八歳の若さをもって空しく他界した。豫州十年死せずんば、旌旗中州を蔽はんと吉良物語に歎じてゐる。

宣経に宣直と千徳丸といふ二子があった。母は老臣大高坂經久の女で、貞淑な賢婦人であった。この宣直は多感軽佻な青年で、父の鍛錬修養を欠き、最初は吸江寺（夢窓國師を開基とし、義堂・絶海等を出した五台山の名刹）に参禅して出家しようとした。木強方正と評された柱石の臣・吉良宣義はこれを非常に憂へて、昔清盛や北條氏の人々が武臣にして入道したが、それは悖逆《はいぎゃく》無道の罪を犯したために佛恩を假《か》って贖《つぐな》はうとしたに過ぎぬ。今君位にをり、家運隆盛にして何の所礙もないのに、みだりに桑門に入り身を捨てるなどとは以ての外と直諫して、到頭宣直も思ひとどまったが、彼の思想は次第に厭世的な虚無主義・享楽主義に傾いていった。宣義は絶望した。そこで宣經の病あらたまって、枕頭継嗣に関する意見を徴されたとき、宣義は吉良家のために断然むしろ宣直に出家隠遁を許し、千徳丸に跡目を嗣がせることを主張した。しかしこのときまだ千徳丸は五才の幼年でもあり、長幼の序からいってもやはり宣直の外はないといふ他の老臣の穏当説が通って、宣直が後を継いだが、父の死後、彼

の性格・行状は急速にその虚無的・享楽的傾向を強くした。しかも負けぬ氣の、頭も鋭く、口も達者な彼は、忠諫に対してもかへって、亡父は因果の理を知らず、無理な努力をして、可惜四十にも足らずに死んでしまったとか、朝露のごとき人世に何を苦み何を歎かう。花前に酔倒し、古今を坐断し、無念無想の境涯を楽むに若かぬ。空しく世網業障に陥ってゐる汝らの迷のほどこそ憐れなものだと逆襲して、始末がつかなかった。これに對して先づ外祖父の大高坂經久が老病を冒して死諫《しかん》したが効もなく、宣義一人梅軒直傳の心法を振りかざしてあくまでも切諫したが、次第に憎悪せられるばかりか、讒者《ざんしゃ》の乗ずるところともなり、終に継嗣の問題をとりたてゝ禁錮せらるるに至り、憂憤の極、彼は医薬を斥け飲食を絶ち、

丹心一片断無私　　丹心一片断じて私なし
幾度朗吟正氣詩　　幾度朗吟す正気の詩
没後双瞳先欲稿　　没後双瞳まづ稿《か》れんことを欲す
勿看勾践破呉時　　看る勿《な》からん勾践呉を破るの時

絶命の詩を賦して、宣經の画像の前に香を焚き、衣を更め、三拝して卒した。永禄五年の春である。確かにこのとき、宿敵岡豊城の長宗我部家には宣直とは反對に傑物の元親がその才識を長じてゐたのである。宣經は死に先だってすでに我が天下の志はかへって長宗我部の伜元親が継がうぞと歎じてゐた。「宣経早世して魂摧《くだ》け、經久没して楯を失ひ、今又右近(宣義)死して矛折れた。」(吉良物語) 弘岡の吉良家には當然来るべき運命が迫った。果してその翌春長宗我部勢は猛攻を開始し、先づ吉良の出城鹿児《かこ》を囲んで、ときに花の若武者であった千徳丸や宣義の嫡子求馬等を討ちとり、弘岡の本城を襲うて、終に吉良家の全滅となり、宣直の業鏡破砕して、春夢一空に帰した。

四

梅軒は宣經の死後、何の観るところあってか飄然と去ってしまったが、彼の感化は吉良家の悲劇を荘厳化し、また吉良を亡ぼした長宗我部家にも大きな影響を傳へた。前述の信西(宗安寺。如淵子と称す。)と忍性(吸江寺)とは長宗我部家に招かれ、梅軒に學んだ修己治人の學を傳へてその士風を振興した。「郭内に学舎を置き、如淵忍性叟を以て師と為し、月の中

六日士大夫雲集して書を讀み武を講じ、學術漸く風動す。」と南學傳に語つてゐる。その後長宗我部家の内紛のために、如淵は害せられ、忍性は跡を晦《くら》ましたが、獨り長濱雪蹊寺の天室が梅軒の學を傳へて、その門下に豪邁な谷時中を出し、時中の門より有名な野中兼山・小倉三省・山崎闇齋のごとき大家輩出し、その後、谷秦山が出て、眞淵や宣長に遙かに先んじて神道に活眼を開き、體神用儒の正學を鼓吹するに及んで、南學は正に日の中する勢となつた。尊いものは滴々相傳の心血である。

（昭和十八年三月）

薛敬軒《せっけいけん》の従政名言

一

*薛瑄《せっせん》はまことに君子の儒といふべき人である。

* 字は徳温、敬軒と号す。文清と諡《おくりな》せらる。明の太祖の末年（洪武二十二年）より英宗重祚の終（天順八年）に至る、日本では足利期前半、義満より義政に至る頃の人で、山西省河津出身の進士、晩年は翰林學士として、政治の機務にも参劃し、君徳輔佐に尽した。その読書録は最も有名である。本傳明史巻二八二。

程朱の學派にふさはしい温厚篤實な、彼みづから、朱子よりこのかた道はもう十分わかってゐる、わざわざ著作の必要もない、たゞ躬行せねばならぬだけだ（自考亭以還斯道已大明無煩著作直須躬行耳）といってゐるが、その通りの實行家である。一面平凡なやうで、その中に氣魄もあり、器量も大きく、學問人物ともに穏秀とも評したい感がする。その従政名言は

我が國でも徳川時代を通じて弘く讀まれた名著である。初夏の一夜、青葉の香をなつかしみつゝ耽讀の餘、こゝにその佳處を訳述する。

二

自家一箇の身心すら尚《な》ほ整理する能《あた》はず。更に甚《なん》の政治をか論ぜん。

これは東洋のあらゆる教を通ずる一の根本的な思想というてよいであらう。故に政治學は常に倫理學である。倫理學は當然政治学を含む。もし政治家がよく倫理道徳の上に立てば立つほど世の中もおのづからよく治まるであらう。政治の倫理化はいつの世にも必要であるが、それは當《まさ》に自家一箇の身心の整理が第一着手でなければならぬ。

民を視ること傷つけるが如しと。當に諸《これ》を心に銘すべし。

文王民を視ること傷つけるが如し（孟子）とか、國の興るや民を視ること傷つけるが如し（左傳）といふ、いづれも民に對しては傷者《けがにん》を視るように同情してかかるべきをいふのである。彼はこれをしばしば繰返し銘記してゐる。

程子、視民如傷の四字を座側に書す。余毎に人を責めんと欲する毎に、嘗《つね》に此の意を念《おも》う

て敢て忽《ゆるがせ》にせず。

程子、視民如傷の四字を座側に書し、曰く、某此に於て愧ありと。大賢尚ほ然《しか》り。後の民に臨む者當に何如すべきや。

専制政治の時代には為政者自身にかういふ政治道徳が強調された。しかるにデモクラシーになって、民権が主張されると、かへって為政者の反省は乏しくなって、抗民観念や抗民感情を生じがちである。人心は変化する。政理に通ずる者は形にとらはれずして、よく変化の機をとらへねばならぬ。彼は民衆といふものをよく解してゐた。

民は至愚にして而も神欺くべからざるなり。惟《た》だ至誠のみ以て之を動かすに足る。

神はいはゆるかみではない。民の神（かみ・こころ・しん）である。民衆心理といはれるもののもう一つ奥の根原的精神である。それは決して馬鹿にすることのできない厳粛なものである。陸象山もその語録にこれを指摘してゐる。論語にも民を使ふこと大祭を承くるが如し（顔淵篇）とあるが、

薛氏はまたいふ、

民を使ふこと大祭を承くるが如しと。然らば則ち政を為し民に臨む、豈《あ》に民を視て愚且《か》つ賤と為して慢易の心を加ふべけんや。

かくして彼は、

民生を養ひ、民性を復し、民非を禁ず。天下を治むるの三要なり。

と説いてゐる。彼は復性論者である。後代は前代の発展であるが、同時にまた一の派生であり、末梢化であることを注意せねばならぬ。文明は人類の発達を示すとともに、自然より乖離して、いかに人類を破滅に陥れてゐるか、測るべからざる不安を生じてゐる。民衆の神（本性）は貴いが、民心民俗は放置すればいつも頽敗に赴く。これをいかにして本性に―神に復せしむるか。これ政治家の遺却してはならぬ問題である。結局は愛である。民を愛せねば誠の政治の行はるべきものではない。

政を為すは人を愛するを以て本と為す。

民を愛して而も民親しまざる者は皆愛の至らざるなり。書に曰く、赤子を保するが如しと。誠に能く赤子を保するの心を以て民を愛すれば則ち民豈に親しまざる者あらんや。

政を為すは下情に通ずるを急と為す。

官と作《な》る者は愚婦と雖も皆當に敬以て之に臨むべし。忽《ゆるが》せにすべからざるなり。

三

民を念ふこと深かった彼は、政治に直接最も関係の深い官吏のために教ふること切実懇到である。

君を欺かず、法を賣らず、民を害《そこな》はず。此れ官と作り己を持するの三要なり。

文中子曰く、古の従仕者は人を養ふ。今の従仕者は己を養ふと。切に後世禄仕の病に中《あた》る。

文中子は隋唐の際、若くして逝ける天才的隠君子である。彼は童僕恩を称して以て政に従ふべしといっているが、薛氏はこれを引用してゐる。なるほど、堂々たる世間の大官名士にして案外童僕よりみればつまらぬ者が多い。またみづから傲る者ほど童僕に辛くあたるが世の常である。政治は民を愛するを以て本とする。下情に通ずるを以て急とする。童僕に感激せられてゐるやうなことは何でもないことのやうで、上に立つ者の人物を観る機微の點といへよう。しかし童僕をはじめ左右親近の者に狎《な》れて、公私を紊《みだ》ることは政治の禁物である。

童僕は姑《しばら》く其の使令の役に給するのみ。切に其の言を聴くべからず。恐らくは大いに事に害あらん。

婦人女子の言は聴くべからず。余仕官の人を見るに、多く是を以て敗を取る者あり。戒と為さざるべからず。

左右を待つは當に厳にして而《しこうし》て恵なるべし。

下に接するには言簡を貴ぶ。一語冗長なるべからず。

下を待つ、固《もと》より當に謙和なるべし。謙和にして而て節無きは反って其の侮を納る。所謂重*巽吝なり。惟だ和にして而て荘なれば、則ち人自ら愛して而て畏る。

＊ **重巽吝**。重巽《そん》は易の巽の卦《け》を重ねた巽為風の卦䷸である。巽は陰柔の卦であり、順を體とする。三爻の辞に「頻巽吝」とあるが、単に巽ばかりでは宜しくない。正に謙和の中に節がなければならぬ。和にして且つ荘でなければならぬ。

柳子晉《しん》文公原を守るを問ふの議胡《なん》ぞ讀まざる。

柳子は唐宋八大家で有名な唐の柳宗元である。晉文公問守原議は左傳僖公二十五年の条に出てゐる。周の襄公が文公に大邑の原を與へた。文公はその太守の適任者を側用人である宦《かん》者に相談して大夫の趙衰を挙用した。當時文公の政府には、謀臣狐偃《こえん》あり、名将先軫《しん》もをったのであるが、これらの臣下に謀らずして、國の大事を左右の小人に謀るといふことが、そもそも文公失政の始まりであるといふのである。

官たる者は民の上に立つのであるから、最も軽薄を嫌ふ。

官と為るは最も宜しく安重なるべし。下の瞻仰《せんぎょう》する所。一たび言を發して當らざるは殊に之を愧づ。

など肝銘すべきものである。彼は別に、

凝定最も力あり。

といってゐる。いかにして凝定の工夫を積むべきか。少しく從政名言の中より抜萃しよう。

喜に乘じて而て多言すべからず。快に乘じて而て易《い》事（軽率に事をはこぶ）すべからず。事を聞いて喜ばず驚かざる者以て大事に當つべし。

大事小事即ち平々之に處し、便《すなわ》ち人の視聴を駭《おどろ》かすに至らず。

事を處し了って之を言に形《あらは》さざる尤も妙。

第一渾厚包涵從容廣大の氣象有るを要す。

一字輕《かる》々しく人に與ふべからず。一言輕《かる》々しく人に許すべからず。一笑輕々しく人に假すべからず。

一々體驗の金言である。人の上に立つ者は案外毀誉褒貶に弱い。

人之を誉む、誉むべきの實なからしめば之が為に喜を加ふべからず。人之を毀《そし》る、毀るべきの實なからしめば、之が為に戚《うれへ》を加ふべからず。唯だ自信を篤くせんのみ。衆誉の為にして喜を加へず、衆毀の為にして戚を加へず。其の人を過ぐるや遠し。

大丈夫は韓退之が伯夷の頌にも喝破した通り、一小人これを誉むれば得々とし、一小人これを毀れば戚《せき》々たるがごとき陋劣なものであってはならぬ。しかるに人間は社會的動物といはれるだけに、なかなか世人の批評に動ぜぬわけにはいかぬ。もちろんみだりに毀誉を無視してよいわけのものではない。周公は流言にも恐懼した。要はみづから省みて信ずるところいかんの問題である。

政を為す、當に公平正大を以て之を行ふべし。是非毀誉皆恤《うれ》へざる所。必ず曲げて人情に徇《したが》ひ、人々をして誉悦せしむれば則ち公正の體を失ふ、君子の道に非ざるなり。只己に在る者處し得て是ならしむれば何ぞ浮言を恤へん。常人纔《わずか》に触あれば即ち不平の意あり。只是量小。

四

官吏の根本的に大切な更に一つの徳は「廉」であることはいふまでもない。

余昨京師より湖南に来る。行に瀕《のぞ》んで院中の僚友唐人の「*此郷寶玉多し、慎んで清貧を厭ふなかれ」の句を誦するあり。余毎に其の規戒の厚きを忘れず。

* 唐の岑参《しんしん》「送二張子尉南海一詩」にいふ。

不擇南州尉　　*擇ばず南州の尉
高堂有老親　　高堂老親あり
樓臺重蜃氣　　樓臺《ろうだい》蜃《しん》氣《き》重なり
邑里雜鮫人　　邑里*鮫人雑はる
海暗三山雨　　海暗し*三山の雨
花明五嶺春　　花明らかなり*五嶺の春
此郷多寶玉　　此の郷寶玉多し
慎勿厭清貧　　慎んで清貧を厭ふなかれ

* 南州の尉のやうな微官でも何でもよいの意。孔子家語致思論に「家貧しく親老ゆれば、禄を擇ばずして仕《つか》ふ」といふことがある。
* 人魚。泣けば涙珠を成すといふ。
* 南州臨海の番山・禺山・堯山
* 大庾・始安・臨賀・桂陽・掲陽の五嶺

但《た》だ廉者は自己の廉のために人の不廉を悪むことも甚しいが、自己の廉によって人の不廉を氣にするのは至純な道徳ではない。器局の小を免れない。彼はいふ、

廉にして而て公ならざるは只是れ人欲の私なり。

己の廉を以て人の貪を病むは怨を取るの道なり。

廉にして而て自ら其の廉を忘るれば則ち人其の行を高しとして而て其の徳に服す。

これらはいかにも名言である。なほ彼は世の廉なる者に三種あることを説いてゐる。

世の廉なる者三あり。理を見ること明らかにして而て妄取せざる者あり。名節を尚んで而て苟取せざる者あり。法律を畏れ、禄位を保って而て敢取せざる者あり。理を見ること明らかにして而て妄取せざる者は、為にする所無くして而て然るなり、上なり。名節を尚んで而て苟取せざるは狷介の士なり、其の次なり。法律を畏れ禄位を保って、而て敢取せざるは、則ち勉強して然るなり、斯れ又次と為す。

穿《うが》った観察ではないか。

五

彼は行政の秘訣をやはり道徳的に清いといふことと同時に、簡易といふことに置いてゐる。

清心省事は官に居り身を守るの要なり。

簡なる者は事の繁を厭うて而て簡を求むるに非ざるなり。但だ當に為すべき所を為して、

而て當に為すべからざる所を為さざるのみ。事務叢雑の中に當っては、吾が心當《まさ》に自ら主とする所あるべし。彼の擾々《じょうじょう》に因って遷易《えき》すべからざるなり。人は静を好んで而て之を擾して已まず。恐らくは為政の道に非じ。

天下本《もと》無事、庸人之を擾すのみとは古来有名な言葉である。唐玄宗朝の名政治家・陸象先が始終これを語ったといふが、明末清初の奇節の士、廖燕などは、その明太祖論に、庸人ではない、人にすぐれた奸智奸才ある者がいつも平地に波瀾を起すのだと慨嘆してゐる。宋の名相李沆も、浮薄新進・事を喜《たのし》むの士を用ひぬことが行政の第一着手であるとしてゐる。本書にもいふ。

時を知り勢を識るにあらずして而て妄に為すは即ち孟子所謂小才あって而て君子の大道を知らざるなり。

これが禁物である。孟子の説は、齊の才臣・盆成括が終を全うしまいと孟子の予言した通り非業に斃れたので、門人がどうしてさう予見できるのですかと問うたに對する答である。（盡心章下）小智小才の士はとかく枝葉末節を事とする。奸智奸才に至っては、場當りの芸當で、自己の快をとらうとするから堪らない。

弊を去るには當に其の本を治むべし。本未だ治まらずして而て徒《いたずら》に其の末を去るは衆人の

暫く快とする所と雖《いえど》も、而も賢知の深く慮《おもんぱか》る所なり。

動かせぬ断案である。

法に関しては、彼は屢々《しばしば》法は天討なりといって、「一に之を無心に付す」べく、私心をもって左右してはならぬ。かつ法は「治を輔《たす》くる具」に過ぎぬから、「教化を以て先とせねばならぬ」ことを力説してゐる。

彼は居官の七要といふものを挙げてゐる。

正以て心を處し、廉以て己を律し、忠以て君に事へ、恭以て長に事へ、信以て物に接し、寛以て下を待ち、敬以て事を處す。

従政名言を読んで、最後に最も深く心に印した一条は次の言葉である。

伊（尹）傅《ふ》（説《えつ》）周（公）召（公）王佐の事業大なり。其の心よりして之を観れば則ち浮雲の漠然として其の心を動かす所無きがごとし。

（昭和十七年五月）

招睡録　ねむりぐさ

*猪飼敬所は、「余性質善く睡る。冬夏の別なし。几《き》に憑《よ》って書を看る、此れが為に妨げらるること三分の一に居る。常に之を患ふ。今より後、日々に管窺《かんき》の所得及び新聞を漫筆して睡魔を驅るの資とせん。」とて、驅睡録三巻を著してゐる。

＊ 寛政天保頃の京の碩學、名は彥博、字は希文。

書外・交を論ずれば睡最も賢なりともいうて、殊《こと》にこれから夏の暑い日ともなれば、俗客に會ったり、くだらぬ俗事に煩はされるより、睡った方がどれだけよいかわからぬ。睡魔ではない、睡賢であるが、睡賢に配するには何といっても古人の書である。たまたま梧窓に五*雑俎を繙《ひもと》いて、しきりに午睡を招き、恍惚として筆を行《や》る。

＊ 五雑俎は明の謝在杭の撰十六巻。天地人物事の五類に分った随筆。寛文版と寛政版との和刻がある。

◇ 思慮の人を害するや酒色より甚し。富貴の家、多く酒色を以て生を傷る。賢智の士多く

思慮を以て寿を損ず。

◇思慮多ければ則ち心火上炎す。上炎すれば則ち腎水下涸す。心腎交はらずして人理絶ゆ。故に文人多くは子無く、亦多くは寿ならず、職《もと》是の故なり。然れども自ら克つ能《あた》はざるは何ぞや。彼其の重んずる所、子と寿とより甚しき有ればなり。

益々睡を以て賢とするか。

◇美姝（美人に同）は世・一も遇《あ》はず。而て妬婦《とふ》は比屋封ずべし（軒並に皆さうだ）。此れ亦君子少く、小人多きの類なり。然るに江南は則ち新安を甚しとなす。閩《びん》は則ち浦城を甚しとなす。蓋《けだ》し戸々にして習へり。

厭な処もあったものである。

◇妬婦相守る是れ宿寃《しゆくえん》のごとし。世に勇以て三軍を馭するに足って、而も威・房闥《ぼうたつ》に行はれず、智以て六合《りくごう》に周《あまね》くするに足りて、而も術・紅粉に運《めぐ》らず。首を俛《ふ》し、眉を低れ、甘んじて之が下と為り、或は憤を含み、歎を茹《くら》ひ、如何ともすべきなし。此れ人生の一大不幸に非ずや。

是れ必ずしも支那に限ったことではないやうである。

◇人、妬婦の為に嘲を解く者あり。曰く、士君子情欲節無し。一厳婦を得て、之と約束す。亦心※を動かし性を忍ぶの一端なり。故に曰く、老に到りて方《まさ》に知る妬婦の功。

＊孟子告子下篇の語、天の将に大任を是の人に降さんとするや、色々に感ぜしめ、本来出来ない辛抱もさせて、人物を鍛へるをいふ。

◇愚不肖の婦《をんな》を畏《おそ》るゝは威に悚《おそ》るゝなり。賢智の・婦を畏るゝは愛に溺るゝなり。貧賤の婦を畏るゝは余沫を仰いで以て自給すればなり。富貴の婦を畏るゝは勃谿《ぼっけい》（あれること）を憚《はばか》って而て苟《かりそめ》に安んずるなり。醜婦の畏れらるゝは家乗を操ればなり。少婦の畏れらるゝは牀笫《しょうし》に惑へばなり。子有って畏るゝは勢の挾む所なり。子無くして畏るゝは威の劫《おびやか》す所なり。八つの者の外にして、能く挺然中立する者は噫亦《ああまた》難し矣。

一読苦笑を催すではないか、実に善く観察したものである。彼また曰く、貴婦妬多く妬婦寿多く、同生同死宿寃の若《ごと》きありと。

◇一日除目を看れば、三年道心を損ず。除目は今の推升朝報なり。其の中升沈、得喪、毀誉、公私、人情、世態、畔（そむく）援、歆羨《きんせん》（歆も羨に同じ）種々畢《ことごと》く具はる。若し此に戀々すれば、終身其の守る所を喪ふ者あり。豈に止《た》だ三年道心を損ずるのみならんや。

　男子は要するに、彼奴が出世した――彼奴が失敗したといふようなことに淡然泊如たる人物をもって真人物とする。新聞や官報の人事をみて一喜一憂する間は大臣も小吏も同じ俗物の域を出ぬ。

◇貧賤は富貴に如かずとは俗語なり。富貴は貧賤に如かずとは矯語なり。貧賤の士衣食に奔走し、妻孥《さいど》交《こも》々謫《せ》め、親も養ふに及《いた》らず、子も教ふるに及らず、何の樂か之れ有らん。惟だ是れ田園粗《ほぼ》足り、丘壑《きゆうがく》怡《よろこ》ぶべく、水には魚鰕を侶とし、山には麋鹿《びろく》を友とし、雲に耕し、雪に釣り、月に誦し、花に吟じ、同調の友両々相命じ、牛を食《やしな》ふの兒郊間に戯着し、或は一室に兀坐《こつざ》し、習静営み無く、或は駕を命じ、藜《あかざ》を扶り、留連反《かえ》るを忘る。此の樂たる、眞仙に減ぜず。何ぞ尋常富貴は道《い》ふに足らんや。

　これこそやはり平常生活の極致であらう。帰山の計は人間生計の最も雅純なものである。

◇凄風苦雨の夜、寒燈を擁し、書を讀む時、紙窓の外、芭蕉淅瀝《せきれき》として聲を作すを聞く、亦殊《はなは》だ致あり。此の處理會し得過さば更に情景に堪へざるなからん。

　さびしさに堪へたる人のまたもあれな庵ならべむ冬の山里と和すべきであらうか。

◇余嘗《かつ》て富貴の女を娶る者を見るに、驕奢淫佚《いんいつ》、頗僻《はへき》にして自ら用ふ。動《やや》もすれば夫家の貧を笑ひ、務めて華靡《かび》を逞しくし、奉養を窮極して以て人に勝たんことを圖《はか》る。一切公姑に孝

に、妯娌《ちくり》（兄弟の妻）に睦まじく、師友を敬ひ、臧獲（めしつかひ）を恵む者は概《おほむ》ね聞くあらず。曽《すなは》ち數時ならずして、奩槖《れんたく》（懐中）倶に罄《つ》き、天を怨み、人を尤《とが》め、譟擾萬状なり。或は以て家を破り、或は以て身を亡ふ。其の夫、餘沫に沾《うるお》うて、豊衣美食すと雖《いえど》も、而も挙動制を受けて、笑啼敢てせず、志慮昏頽し、意氣沮喪し、甘んじて人の下と為りて辞せざるに至る者、未だ必ずしも此に由らずんばあらざるなり。

嫁を取るには目下からといふ、先づもって誤ない言であらう。

◇人能く百萬銭を捐《す》てゝ女を嫁す、而も肯《あえ》て十萬銭を捐てゝ子を教へず。寧ろ一生の力を盡して利を求むるも、肯て半生の功を輟《とど》めて書を讀まず。寧《むし》ろ貨財を竭《つく》して以て権貴に媚ぶるも、肯て些微を捨てゝ以て貧乏を濟《すく》はず。此れ天下の通惑なり。

人間は常に小是非に屑《せっ》々として、大是非に案外暗いものである。小賢しいやうで、大いに愚かなことが多い。

◇利を好むの人は色を好むより多く、色を好む人は酒を好むより多く、酒を好む人は奕《えき》を好むより多く、奕を好むの人は書を好むより多し。

◇書を好むの人三病あり。其の一は時名を浮慕し、徒に架上の観美の為にして、牙籤《がせん》錦軸

装潢《そうこう》衒曜し、驪牝《りひん》（馬の毛色性別のこと。列子伯楽の話に出づ。形ばかりの意）の外一切知らず。之を書無しと謂《い》うて可なり。其の一は廣く収め、遠く括り、心力を畢盡して、但だ多蓄を圖って、討論を事とせず。徒に灰塵に涴《けが》し、半は高閣に束ぬ。之を書肆と謂うて可なり。其の一は博學多識、矻《こつ》々として年を窮むれども、而も慧眼短浅にして以て自ら運らし難く、記誦流るゝ如くにして、寸觚《こ》展ぶるなし（一寸した文章もかけぬこと）。之を肉食面牆《しょう》に視《くら》ぶれば、誠に間有り。其の世を没して聞く無きに於ては均し。夫れ知って而て能く好み、好んで而て能く運らすは古人猶《な》ほ之を難んず。況んや今日をや。

書を読むは常に心がけねばならぬ。學者となるは常に戒めねばならぬ。

◇　今の仕ふる者は寧ろ罪を朝廷に得るも、罪を官長に得ることなし。寧ろ罪を小民に得るも罪を巨室（勢力家）に得ること無し。罪を朝廷に得る者は竟《つい》に批鱗（逆鱗に批すの意。批はさはる、ふる正しくはヘツと読む。天子の怒を冒してまで忠を尽すこと）の名を盗む。罪を小民に得る者は彌縫の術を施すべし。惟だ官長巨室は朝に旨に忤《さから》へば而《すなは》ち夕に報罷せらる。吏治の善を欲するも安《いず》くんぞ得べけんや。

實に俗吏の常情であらう。故に役人は特に廉恥を重んずる。廉恥のないのは國恥といはれる所以である。

睡賢やうやく来るとき、たまたま一噴飯の文を發見した。曰く、

◇財に吝なる者あり。一親故の濟ひを求むるに遇ひ、酒一甌《おう》、銭索一條を以て之に送って云ふ、筋一條、血一椀、右胸を槌《う》って奉上す。伏して望むらくは鉄心肝の人留納せんことを。

生身《なま》の筋を割き、血を絞るようなこの贈物を受けるお前は何といふ情の強い人間だといふわけである。呵々。

◇老媼（ばゝ）有り。道を相讓る。其の一曰く、媼は年幾何ぞ。曰く七十。曰く吾は六十九。然らば則ち明年吾爾と歳を同じうせん。

何と愉快な話でないか。これでこそ長生ができるといふものだ。

◇世の牡丹を詠ずる者亦自ら奨借すること太《はなは》だ過ぎたり。牡丹は豊艶餘有って而て風韻微《やゝ》乏し。幽は蘭に及ばず、骨は梅に及ばず、清は海棠に及ばず、媚は荼蘼《とび》に及ばず、而て世輙《すなは》ち以《おも》へらく花の王者なりと。富貴の以て人を動かし易きが故なり。芍薬は草本なりと雖も、而も一種妖媚丰神《かいしん》殊《はなは》だ牡丹の右に出づ。之を譬ふれば、名姫嬌婢、君夫人の側に侍るに、恐らく識者あらば、消魂彼に在らずして而て此に在らん。知らず、世に余が好に同ずる有りや否や。

この人頗る風流を解するに似たり。譬喩尋常に非ず。

◇　京師の内寺（宦官《かんがん》）貴戚、猫を蓄ふ。瑩白《えいはく》肥大なること数十斤を逾《こ》え、而て鼠を捕へず。但だ人に親しむのみ。狗を蓄ふれば則ち金絲毛にして短足なる者を取る。地下に蹣跚《はんさん》（よちよち）たり。蓋し猫に兄事して而て盗に吠えず。此れ亦物の常に反して妖たる者なり。

どこの国にも何だかこの種の妖人がをるやうな気がしてならぬ。

（昭和十七年六月）

玉壺氷心

先哲の書を潜研して、深い、そして自由な思想をもってゐる奇特な若い読書子との静夜の閑話。最も私を喜ばしめた記録。

客　随分いろいろな人がきてお忙しいやうですね。
某　非常時なるものの波及でせうね。
客　大抵よい加減くだらぬことでせう。
某　空談時を移すは眠るに若かず。本當ですね。
客　名士なる者も沐猴《もくこう》にして冠《かん》する輩が多いが、革命運動とか教化運動とか奔り廻ってをる連中も輕薄な奴が多いやうですね。啄木が「猷めく顔あり口をあけたてすとのみ見てゐぬ友の語るを」と歌ってゐますが、時々思ひだされますよ。
某　卿等に對《たい》すれば白日と雖も寝ねんと欲す、とはどうです。
客　ハハ、、、、いったい誰がいったのですか。

某　竹林七賢の一人だと思ひます。ゲーテもそんなことをいってゐるやうに記憶しますね。宴會帰りのある學者に、家人が今夜の会はどうでしたと訊《き》いたら、ふん、あんな奴らが本なら、俺はちっとも讀みゃせんとね。

客　このころ真だの俗だのといふことがしんみりわかるやうな気がします。どうも本當の人物はみな厭世的傾向をもってゐるやうですね。

某　どうしてもさうなりますね。しかし、さればといってただ白眼、人に對して、我独り清しとするのではない。實は本當の人物ほど、人を愛し世を思ふのだが、その愛し思ふがゆゑに余計人間のすること、世の中のことが気になるのですね。さうでないと異端になる。野狐禪になる。

客　いかにも。

某　水萬壑《ばんがく》を流れて心競ふ無く、月千山に落ちて影自ら孤なりといふが本當でせう。

客　なるほど、水萬壑を流れて心競ふ無く、月千山に落ちて影自ら孤なり。

客　昔から名僧や大儒で、英雄豪傑に許《くみ》して活動した人たちも結局さういふ心境でせうね。

某　しかしあまり清かったり、無精であったりすると、どうしても隠遁的にならざるをえな

いでせうね。老婆心が濃まやかであるとさうなるまいが。道元禪師が老婆心を重んじてゐるのはありがたい。孔子などは最も老婆心のあった人でせう。

客　腹では世の中に慊《あきた》りなくっても、或ひは馬鹿にしてをっても、何となく英雄豪傑の仕事が面白くて、ついおつきあひをしていった名僧大儒もありゃしませんか。

某　なかなか多いでせう。人間味とでもいひませうか。英雄豪傑といふ奴は俗物を拡大した奴で、生命が大きく躍動してゐますからね。名僧大儒も生きてをるかぎり、人間味があればあるほど、共鳴を感じませうよ。

客　人間味といふのは味のある言葉ですが、何と説明したらよいでせうね。

某　造化の本領を包容と化育とに観れば、人間も包容力と超越（造詣）力とになるわけですね。ところが人間になってからの歴史と、それまでの動物的歴史とを比較すると、よほど動物縁が深いから、大體人間といふ者はいかに良心があっても煩悩が多いものとみねばならぬ。だから良心に陶冶されきらぬ動物質をもってゐることを人間味といひますか。俗人はそこに親しみを感ずる。親しめば近づく。近づけばおのづと化せられる。俗人は敬すると遠ざかりますからね。

客　敬遠とはよくいひましたね。

某　全くです、だから衆を化するには人間味が必要です。

客　「良心に陶冶されきらぬ」動物質といふ説明は、なるほど人間味に必要ですね。でないと、物欲そのものを人間の本領としやすい。

某　いかにも。でお互に東京に住んでをる以上は白眼はいけません。冷笑はいけません。小廉曲謹もちろん駄目、常に白熱的な活力気魄があって、世に臨まねばなりませんね。本を讀んで書中の人物に共鳴して、現代から遊離してはいけませんね。

客　いや全く、我々はどうも漫然たる批評家になりやすいです。

某　貴方たちの批評は自分にそれだけのものをもっての批評だからよろしいが、近頃のいはゆるインテリときては、空虚な批評よりほかに何もない。まるで干魚《ひもの》が笑ってゐるか、山彦が響いてゐるやうで、なさけないですね。

客　荘子にある庚桑楚の話を思ひあたりますね。鷹揚な仁者と、黙ってこつこつ實際に働く人間と、それでよいのですね。

某　全く。

客　空談、時を移さず、帰って眠りませうか。

両人一笑。

（昭和八年三月）

東海の三老

田村鐵《てつ》梅《ばい》

東海道を往還して不二《ふじ》の霊峯を仰ぐたびに、必ず想起する三人の隠士がある。その一は沼津の香貫《かぬき》山下に讀書自適し、七十なほ千山萬嶽を踏破して悠々たる江口香邨翁であり、その二は香邨書屋よりほど遠からぬ草堂に読書萬巻、曠達なる胸次、温雅な風骨、塵外に超然たる池谷観海翁であり、その三はやや離れて清水の鉄舟寺畔に、清見潟を隔てゝ不二の霊峯と相対し、光風霽月を領略して詩禅一味の道境を楽む田村鐵梅翁である。

余はこれら三大人に陪遊するごとに嬉々として、昭和の代にもなほかういふ人物境涯があるものかと独り感歎を深うするのであった。その鐵梅翁は端なく去る昭和十二年秋皇霊祭の夕、溘焉《こうえん》として他界された。爾来東海道を通って不二が見えだすと、いつも翁の赭顔白髯《しやがんはくぜん》の道骨が浮かんできて限りなくなつかしまれる。

およそ純真な魂を失はぬかぎり、世の辛酸をなめた人々が浅かれ深かれ必ず胸奥に蔵してゐる切なる願がある。それはできるならば一日も早くこの虚偽と汚辱とに満ちた煩はしい俗世間から衣を振うて、山高く水長き清浄の天地に落ちついて真実の人生を味ふことである。これを隠遁心というて無下に排斥し、人間は一生元気に活動すべきであると主張する者も少くないが、それは矯《た》むるところある言でなければ、要するに俗人の我慢に過ぎない。心ある人々の願ふその求真の生活は決して卑怯な隠でも遁でもない。かへって風塵の中に真吾を没して、とりとめのない多忙な労役に疲れはてる自己を救うて、清浄な自然の中に真吾を露出し、真實の人生に出直すことである。いかんせん世の中の羈絆《きはん》は思ひのほかに煩はしく、自身また世間に未練多くして、容易にその願ひを果すことはできない。

鐵梅翁はその点實に羨むべきものがある。翁は世間の人々が財産や地位や名誉を逐うて暮らすことを人生の大道と心得て、天地間の好風月・好書籍と没交渉に終ってしまふことが、いかに一生を枉却《おうきゃく》するものであるかといふことを早くから痛切に覚って、買山の計を純にめぐらし、さっさと世事をかたづけて、翁のいはゆる「衣巾三斗の塵を拂って」、「雲棲竹隣」、

「乾坤一散人」となられたのであった。余は翁を憶ふごとに、吾れすでに富の貧に如かず、貴の賤に如かざるを知んぬ。但《た》だ未だ死の生に何如《いか》なるやを知らざるのみと歎じて、子女の嫁娶を畢《おわ》るや、飄然五嶽に入って終る所が知れなかったといふ後漢の向子平を想像する。違ふところは子平が支那的隠逸なるに比して、翁はあくまで日本的な忠孝の士であり、死に至るまで「慷慨《こうがい》志猶存《なおそん》する」國士の風があったことである。

翁は元治元年二月五日、江戸追手町の本田藩（岡崎）上屋敷に同藩士小坂欣竹の二男として生れた。母は同藩立川氏の長女多余子といひ、和歌に巧みな能筆の婦人であった。本名は武司（戸籍吏の誤写から武治となった）である。明治維新の際父母は岡崎に帰住したが、不幸にして九才早くも父を喪ひ、叔母の婚家である姫路（酒井）藩士田村孫右衛門に懇望されて養子となった。幼時から蒲柳《ほりゅう》の質《たち》で、群童のやうに嬉戯を好まず、読書や習字が好きであった。養父の孫右衛門も武士らしい奇骨の士で、維新後慨然として士籍を奉還し、藩主の下屋敷に近い巣鴨に千坪ばかりの荒地を求め、小屋を建てゝ茶園を作り、かたはら寺小屋の師匠となり、妻は裁縫を教へて、清貧の生活に甘んじた。その間に翁は鶏声ケ窪（今の小石川原町

あたり）の平山塾に漢籍を、中村敬宇の同仁社に英書を學び、東京府師範學校に官費生となって、入學一年半にして訓導兼舎監となった。

この時徴兵令が改正され、翁も二十才、明治十七年海軍に志願したが、病身のため不合格となり、青年の志氣やみがたく、

纖手断機勢似鋒　　纖手断機勢鋒のごとし
一朝奮発起潜龍　　一朝奮発潜龍起つ
休訝豁氣横四海（後作如今浩氣）あやしむをやめよ豁氣（後如今浩氣となす）四海に横はるを
本是孟家三寸胸　　本是れ孟家三寸の胸

と扇面に書して養母に残し、上海領事館の關口隆正を頼って飄然渡航した。そして清佛戦後の動乱に乗じ、志士と交を結んで奔走したため、壮士扱ひされて送還されようとしたので、一旦帰國して今度はアメリカに渡り、苦學数年、クリスト教に帰依し、明治二十二年帰國し、關口隆正の父で、当時静岡県知事隆吉の知遇を受け、現存の米子夫人を迎へたが、同氏

の横死に遇うて、去って築地メソジスト教会の牧師となり、傳《でん》道に従事した。しかし翁の風骨は周囲の牧師輩と契《あ》はず、家庭内でも熱心な日蓮宗信者の養母に喜ばれず、その中養父の逝去に遇ひ、家計も意のごとくならず、深思熟慮の末、一転して明治二十七年正月、京都商業會議所の書記長に就任した。そしてちょうど日清戦争に際会したので、熱血に富む翁は全國商業會議所を動員し、戦後支那視察に赴き、荒尾東方斎等と交った。帰国後京都鉄道の副支配人に挙げられたが、社内の腐敗に堪へず、脱然ここにまた本来の求道生活に帰らうと志したが、たまたま村井兄弟が外國煙草に拮抗して商会を経営するにあたり、その神戸支店長として関西及外地探題に任じ、はじめて實業家としての人物手腕を発揮することができた。そして米國煙草會社との合同、京都留守居、社長補佐役等にいよいよ信を博し、専売法施行後は村井の顧問に備はり、村井家のために永遠の計を立てるに努力したが、志は終に容れられず。齢は正に不惑を過ぐる二の明治三十八年、決然袂を払って斯界を去り、清水の龍華寺畔、四時不二の霊峯を見る景勝の地を購うて草庵を結び、紅雪洞と号し、洞上の玄機を叩き、観海翁の詩轍《てつ》に遊び、超然出塵のかたはら、また和顔愛語して里人を指導し、二宮尊徳の報徳教を弘通し、敬老会を興して風俗の改善に懇篤な尽力をするなど、「閑人元是れ不閑人」で

あった。若し翁の健康さへ許せば、時勢の頽廃、邦家の危急は、かへって翁の初志を激して、或ひは香邨翁の社に入り、或ひは旧藩主酒井斗山伯の縁により、東京と草庵とを往還して、大いに國事に任じたかも知れない。

しかるに香邨翁が老來いよいよ河嶽英霊の気に縦遊するに反して、鐵梅翁は多く浄室に坐禅し、心を儒佛の妙理に潜め、懐を詩賦に遣って、ときに香貫山下の香邨書屋に観海翁等との雅會を樂むのみであった。昭和十二年春、叡山に傳教大師の遠忌に参籠し、その帰途病を獲てより、遂にまた起たず、その年九月二十三日秋季皇霊祭の夕、米子夫人・嗣子信介氏等に従容として永訣し、死生についてはまた何も言ふことはない、ただ一國士としてこの世を去ることに満足すると語って、晏然《あんぜん》として體逝した。世寿七十四。法号を微笑院鐵梅愚徹居士といふ。墓は清水鐵舟寺大悲閣畔鐵舟居士墓側にある。

世間は案外医者に不養生多く、出家に俗心強く、詩人に厭味濃く、学者は没分暁甚しくて興さめたものであるが、翁のごときは到底それらの人々が企て及ばぬ雅醇な風趣と透徹した悟境とに至ってゐた。

及今解天意　今に及んで天意を解す
報効自有方　報効自ら方あり
經病凡情脱　病を經て凡情脱し
食非神氣剛　非《ひ》を食うて神氣剛なり
透過人生苦　人生の苦を透過して
忽然逢霊光　忽然　霊光に逢ふ
一牀餘師在　一牀《しよう》　餘師在り
脚下是道場　脚下是れ道場
層々暮山色　層々暮山の色
相對入蒼茫　相對して蒼茫《そうぼう》に入る

謝道友問疾

といふ翁の舊作《きゆうさく》があるが、實によくその人を現して、観海翁も神味不盡と評してゐる。

病骨曾知老氣侵
山居臥此碧雲深
護花掃葉君休笑
亦是陶公運甓心

病骨曾《すはな》ち知る老氣侵すを
山居此の碧雲の深きに臥す
花を護り葉を掃ふ君笑ふをやめよ
亦是れ陶公甓《へき》を運ぶの心

養痾

老來憂國意深長
不似當年類放狂
借問菊花有何趣
秋心一點帶霜香

老來國を憂ふ意深長
似ず　當年放狂に類するに
借問す菊花何の趣か有る
秋心一點霜香を帶ぶ

○

貧叟寒梅孰主賓
十年相伴避風塵
小窓迎月容無席

貧叟寒梅孰《いずれ》か主賓
十年相伴うて風塵を避く
小窓月を迎へて容るゝに席無し

人影半身花半身　　人影半身　花半身

偶　興

の諸作なども最もよく翁が偲《しの》ばれる。終に観海・香邨両翁の輓詩《ばんし》を録する。

従游二十有餘年　　従游二十有餘年
世外持身黙悟禪　　世外身を持す黙悟禪
夜々不言江上月　　夜々言はず江上の月
照人顔色自依然　　人の顔色を照しておのづから依然

（池谷観海）

畢是紅鑪一點雪　　畢に是れ紅鑪《こうろ》一點の雪
水雲寂々奈吾何　　水雲寂々吾をいかにせん
芙蓉没影駿濳暗　　芙蓉影を没し駿濳暗し

秋雨龍華寺畔多　　秋雨龍華寺畔多し

（江口香邨）　　　　　　　　　　　（昭和十五年二月）

池谷観海翁

この春三月二十三日、沼津香貫《かぬき》山山下の碩人・観海池谷盈進翁が永眠せられた。ちょうど清水龍華寺畔の高隠・田村鐵梅翁の小傳をものして発表したその月のことである。芙蓉峯下三笑の二老すでに去って、残るは江口香邨翁ただ一人。幸ひに古稀なほ矍鑠《かくしやく》として山川に嘯《しよう》傲《ごう》し、ときに人間に往來してをられるのは嬉しいことである。

観海翁は現代にはもはや滅多にみられぬ儒者であった。儒者といへば、現代人は思想も情操もない干《ひ》からびた形式道徳の化石のやうな人間に思ふであらう。さう思ふ新人なる者は實は信念も氣節もない軽薄のお化けのやうな者が多く、観海翁のごときはそんな新人の到底企及することのできない幽情や、七十になっても少しも老いない時代的敏感をもってをられた。翁は沼津中學の先生で終られたが、翁にして聊《いささ》かなりとも名聞利達の心があったら、明

治の盛世に生きられたことであるから、どんなにでも名士になられたであらう。しかし曠達な翁は遂に無心であった。翁年十九、すでに吟じて曰く、「十中七八・人意に随ふ。世は是れ道遙間適の場」と。晩年一日江口翁と對酌の間、戯れにこの二句を酔書せられたところ、江口翁案を拍って共鳴せられ、それより人口に膾炙《かいしゃ》して、或る人から求められるまゝに、翁はこれに前二句を補うて、

守分就賢存主張　　分を守り賢に就き主張を存す
紛々小事又何傷　　紛々たる小事又何をか傷まん
十中七八随人意　　十中七八人の意に随ふ
世是逍遙間適場　　世は是れ逍遙間適の場

とせられた。翁の面目躍如たるものがある。儒者はいかにも往々謹厳なれば偏屈となり、洒脱なれば厭味な拗《す》ね者になることが多い。翁にはさういふ過不及がつゆなかった。風貌を一見しても達者であることが分るが、江口翁ら斯道會員の編纂になる観海詩鈔を誦んでも、随

處にその光風霽月ぶりが鮮かに現はれてゐる。

読書歎

游目便入　目を游《あそ》ばしむれば便《すなわ》ち入り
注心却失　心を注げば却って失す
書乎書乎　書や書や
與我不密　我れと密ならず

さながら淵明を今にみるやうではないか。
清貧とは翁にして始めていひうる。

答人

人間悟到屈猶伸　人間悟到すれば屈なほ伸のごとし
齏臼唯知本受辛　齏《せい》臼ただ知るもと辛を受くるを

七十年來存士道　　七十年來士道存す
傳家不失舊時貧　　傳家失はず舊時の貧

その孫に與ふる詩のごとき、

三孫淅米四孫炊　　三孫米を淅《と》ぎ四孫炊ぐ
飯熟黄昏報我知　　飯熟し黄昏我に報じて知らす
但是塩梅多少味　　但だ是れ塩梅多少の味
苦心烹到小鮮時　　苦心は烹て小鮮に到る時

何といふ細情であらう。在野八首のごとき各首不盡の妙味がある。

○

在野多眞趣　　野に在るは眞趣多し
此中吾道存　　此の中吾が道存す

世間經絢爛
平淡愛黄昏

世間　絢爛《けんらん》を經て
平淡　黄昏を愛す

○

何心養吾性
往迹一朦朧
不記夜來夢
牛山遙靄中

何の心か吾が性を養ふ
往迹一に朦朧
記せず夜來の夢
牛山*遙靄《ゆうあい》の中

※臥牛山

○

郡中多薬草
氣散滿人間
當作終焉地
長生對碧山

郡中　薬草多し
氣散じて人間に滿つ
當に終焉の地となし
長生碧山に対すべし

翁はまた少からずユーモアをもった人であった。

巴巴麻麻《パパママ》説を作ったり、ハイヒールの詩を詠じたり、ときに人の意表に出て佳謔浩笑を発せしめる。死期すでに近き病牀、平生江口翁と酔へば笑歌するところの土佐節「わしがしんだらたれないてくれる　うらのさんしょのきでせみがなく」を微吟して閑々たるものがあったさうであるが、達したものである。しかしなほかつ私は翁の次の一詩を録しておかう。

秋霜節過引春風
岳色濛冥煙雨中
寫得今年隱憂處
家居薄命小英雄　瓠堂贈詩有薄命英雄還是好之句

秋霜節過ぎて春風を引く
岳色濛冥《もうめい》煙雨の中
寫《うつ》し得たり今年隱憂の處
家居薄命の小英雄　瓠堂贈る詩に薄命の英雄またこれ好しの句あり

これは今關天彭氏の請ひのままに贈られた寫真に題されたもので、私がいつか贈った詩の一句がよほどお氣に入ったものとみえて、結句に附記してある。何か翁の掩ひきれない真骨頭の一端を窺ひみる心地がするのである。

（昭和十五年十一月）

江口香邨

時代は今や甚《はなはだ》しい混沌に陥った。古い権威は一朝にして廃れ、新しい道標はまだ全く樹《た》たない。個人主義の風潮が旺《さか》んであるにも拘《かかわ》らず、真の個人はだんだん影を潜めてゆくやうである。現代人を思ふとき、いかにも暗夜行路といふ感が深い。

かういふとき、貴い人生の経験を十分に積んで、その中から毅然たる信念・節操を打成し、高邁な見識をもって常に周囲の人々のよりどころとなってゐるやうな勝れた人々が極めて少数ながらあるものであるが、たま〳〵さういふ人の思ひもかけぬ訃報などを聞くと、本當に星の隕《お》ちたやうな感がするものである。最近香邨江口定條翁の歿くなられたことなど全くこの感を深うした。

明治維新によって土佐人の風骨といふものが世に知られたが、それも近代になって他處の例に洩れず、特殊性の薄れゆくにつれてやはり一様化し、そのかみの土佐人のだん〳〵少くなってしまった中に、江口翁はいかにもよく海南健児の真骨頭を具備した人であった。不羈

独立の氣概に富んで談論を好み、ときに狷介にして容易に人に許さぬ風もあり、國事に情熱をもって志士的氣象の掩へぬものがあった。

翁は慶應元年四月一日、高知に江口干城氏の三男として生れた。少年の頃から風姿といひ、人物といひ、一見して群児と異なる穎脱《えいだつ》の趣があった。運命が翁をしてもう二十年早く生れさせてをったならば、恐らく翁は維新志士中の人物であったであらう。二十年の相違は翁をして、豪邁な氣宇を抱いて維新の経済界に巨歩をのばしていった岩崎兄弟の後を追はせたのである。

明治二十年東京高商（世にいはゆる一ッ橋）を出た翁は数年母校に教鞭をとってゐたが、やがて第百十九國立銀行に入り、それから三菱に転じて銀行部・営業部・鉱業部を歴任しぐんぐん驥足《きそく》をのばしていった。詩酒風流の豪懐は此際大いに養はれたものらしい。元来土佐人は氣象が激しくて一般に酒を好むが、岩崎の家風も随分酒を好んで、しかも断じて亂《みだ》れることを許さなかった。酒は量なし亂に及ばずで、酒宴は盛んであったが、ために亂に及ぶ醜態を演じたが最後、厳譴《げんけん》を蒙ることを免れぬので、社員はみなこれに鍛へられたものである。

翁はそれまで基督教の信仰に入って、どちらかといふとピューリタン風であったが、この

修業でグッと線が太くなり、人情の機微に通じて、しかも俗に入って俗に染まぬよい活修養ができたとは、後年親しくみづから述懐するところであった。たゞそれは決して基督教を去ったのではなく、よい意味でのピューリタニズムはますく磨かれていった。翁の人知れぬ半面の生活に絶えず静坐と祈りとがあった。そしてどうかして時俗の輕薄を慨するやうな話になると、よく今の人は静坐や祈りといふやうな生活を全くもたなくなったと獨語のやうに嘆ずることがあった。

翁は三菱に在ること三十年、重役として十年、総理事を三年務めて、大正十一年辞任したが、財界における三菱のどこか君子風の今に至るまで消えぬもののあったことは、翁の人格や努力の影響によることも少くないであらう。

翁は絶えず活眼を世界に放って、國際情勢に注意を怠らなかった。三菱理事時代も支那から佛印を視察し、欧州諸國はもちろん南北アメリカをも旅行してゐる。支那には特に關心が深く、日本の對支関係がとかく軍事的・政策的に偏し、日支両民族の道義的・文化的な友誼の振はぬことを甚だ遺憾として、機会あるごとに警告を怠らなかった。そして日華學會の理事や同仁會の副會長を引受けて、支那の留日學生の世話や、支那における病院の經營、医薬

學の發達などのために誠を竭《つく》して努力した。

満洲建國とともに内田康哉伯が満鉄総裁に任ぜられ、翁は懇請されてその副総裁に出馬した。世間の識者は翁こそ立派な総裁であるのに、内田伯の女房役を引受けた翁の友誼と謙虚とを稱讃した。もし内田伯にもっと硬骨があり、関東軍に政治性が豊かで、十分江口副総裁に經綸《けいりん》を行はすことができたならば満洲の形勢はよほど變ったであらうと思はれるが、翁の主義と硬骨とは不幸にして當時の勢力と相容れず、僅かに一年にして慨然辞表を提出して満洲を去った。政府は勅選をもって翁の労に酬いたが、烈士の壮心は痛恨を消すことができなかった。

それからの翁は特に國家の前途を深憂して、同憂の士と會しては正論を励まし、人材の間を周旋して倦まず、詩酒に悶を遣《や》り、高山深谷を跋渉《ばっしょう》し、沼津なる香貫山下の別荘に萬巻の書を蒐めて好書に目をさらし、儒佛の教を樂んで池谷観海・田村鐵梅・小幡龍峰・水野梅暁・高楠順次郎博士等有道の士と交遊して風格いよ〳〵清高を加へた。

翁は教育に熱心で、母校のためにも終始盡力して倦まなかった。元来世話好きの性質であったが、ただ頼まれたから一通り義務を果すとか、顔役に立てられた手前、いはゆる顔を立

てるといふやうなものではなく、心から案じて人を説き事を運ぶといふ風であった。同窓會の常議員としても眞の常議員の名に背かず、母校の大學昇格についても翁の熱心と努力とによることが大きい。同窓會の社會的繁榮の象徴ともいふべき如水會とその會館の建設經營に關しても寢食を忘れて盡瘁した。如水會の理事長として翁のやうな適格者は恐らく滅多にえられないであらう。日本女子大學のためにも評議員となり理事となって随分盡したが、この方は母校と違って、それに女子教育のことでもあり、翁も遠慮がちのやうに自ら語ってゐた。

昭和十一年古稀に達した翁の寿康を賀するため、如水會員有志の發起で、全國會員から寄附を募ったところが、たちまち數萬金が集まった。翁はいたく愧謝《きしや》(この言葉は翁が當時私に直接語られたもの)して、これをそのまま如水會に寄附し、それで如水會の後庭の一隅に小ぢんまりとした純日本館、庵ともいふべき記念の建物ができて、翁の雅號にちなんで香邨寮と名づけられた。これは翁の晩年を最も樂ませたものゝ一つで、この間に翁は時々素心の友を集めては談笑した。

老來八十、國破れ都焚け、邸宅も別莊も兵火に罹《かか》って安居を失ってしまった翁は、最後に

この寮に起臥することにして、いよ〳〵令嗣の家から移らうといふ矢先、昭和二十一年三月十四日未明、令嗣健助氏の家で全く家人も氣づかぬ間に永眠した。壽算八十一。莊子流に晏然體逝とでも評したい幸福な大往生であった。さうしてその告別式がこの香邨寮で行はれたことも翁の冥福の一つであらう。

翁は最後まで身心ともに清健であった。長命も老衰を伴はぬならば、これほど望ましいものはない。翁などはその最も羨ましい長寿をえた人である。

「平生愛する所青山故人名草奇書」といふ好語が剣掃にあるが、翁の共鳴禁ぜぬものであった。特に翁は山を愛した。登山は翁終生の清楽の大なるもので、信州の燕嶽を極めること二十回に達し、最後まで壮心やまぬ概があった。大丈夫胸中の谿壑《けいがく》おのづから名山大川と相通ずるものがある。高山深谷に放懷することが最大の排悶であったことは、いかにも翁の風骨をよく物語ると思ふ。

翁は須走にも庵を結んで靈峰富士に親しみ、雲濤の洶湧《きようよう》を愛し、またその附近に翁と親交があり、日本のために得がたい理解者であった、そしてまたこれ愛山家の故スタール博士の記念碑を建立し、道交の前に國境などのないことをよく述懷した。翁の須走草庵の詩に曰く、

山上白雲山下堂。哲人碑畔寄吾狂。當年風物依稀在。月色如霜滿八荒。

天もし翁に壽を假して日本がやがて國交を回復した暁は、支那やアメリカに對してあゝもしたい、かうもしたいといふ色々な構想も胸中しきりに往来してゐたやうである。憤を發して食を忘れ、樂しんで以て憂を忘れ、老の将《まさ》に至らんとするを知らずと孔子はみづから語ってゐるが、香郎翁はどんな人かと問はれたならば、私は丁度この両忘に加へて、死の方《まさ》に至れるを知らなかった人であったと答へたい。

(昭和二十一年六月)

同学覚えがき

亂世になるほど激烈な外部の刺戟と不可測の轉變《てんぺん》に心を奪はれて人々はともすれば自信を失ひ、矯激になり、狂人走れば不狂人もまた走るといふやうになりがちである。かういふ時にこそ我々永遠の學人は學問求道の覺悟を明確にしておかねばならぬ。しかるに同學の中にも時勢に駆りたてられて不安焦躁の氣分の掩《おお》へぬ人々も少くないやうで、とかく空論妄行を免れない。古人も横説竪《じゅ》説なほ未だ向上の関棙《れい》子（くさび）を知らずといってゐるが、全く今日ほど向上の関棙子の必要なことはない。こゝに同學のためにいささか婆言を陳述する。

一　學問求道の心地

我々はやむにやまれずして學ぶ。

我々はさびしいから學ぶ。

我々は無心で學ぶ。

世には學を衣食の手段として、すなはち資格免状をとるためにするものがある。出世の便宜に、すなはち名や利のためにするものがある。流行現象に追随して、時勢に遅れまいとしてするものもある。我々の學問はそんなよい加減なものではない。我々の學問が衣食の足しになることもあらう。名や利を伴ふこともあるかも知れぬ。或ひは時勢に合ったり、ときには違ったりもするであらう。そんなことはすべて我々自身の関知せぬことである。本來自然の成行に任せておくべきことである。我々はもっと深く、我々がこの生を託してゐる宇宙の大法から、神ながらの道から、自然の生命から、慈悲の發露、仁の作用として、赤子の乳慕のごとくするのである。ニュートンは眞理を求めて學ぶ人の姿を大海の浜邊《はまべ》に貝を拾って遊ぶ童にたとへた。老子には學人を、成人になりたがる世人に反して、永久に母に育《はぐく》まれる嬰児でゐたい者としてゐる。無智にぞありたきといふのが念佛者の心得である。身は水際《みぎわ》の葦の一茎よりはかなくとも、心は天地を包むところにこそ人間の尊さがある。

二　我々の學は何の系統に屬するか

我々の學はいづれの一にも偏せず、すべてに學ぶ。

我々は縁にしたがって學ぶ。おのづからなる所縁より人これを何と稱するもまた争ふことはない。我々の學は門戸を立てて他と競ふべきではない。命を知り命を立つるにある。世には、神儒佛とか、或ひはそれらの中についても各宗各派を分って、系統を論じ、門戸を張り、同に党し、異を伐《う》ってやまぬものがある。苟《いやしく》も人道に反き、國體を傷るものはもとより容すべきではないが、同じ高嶺の月を見るに、わけ登る麓の道の異なるを少しも氣にする要はない。否《いな》許されるならば、あらゆる勝境に杖を曳いてみたいものである。肉體の榮養も偏食は害がある。もとより消化力が先決問題であるが、できるだけ多種多様の變化に富んだ方がよい。西洋人は異民族の飲食を自由に攝取できぬが、日本人は支那料理でも印度料理でも西洋料理でも何でも食べるばかりか、それを興じて食べられるところに世界的發展性があるのである。文化に對しても同様、儒でも、佛でも、耶蘇《やそ》でも、科學でも、哲學でも、何

でも自由に摂取・同化・排泄すること日本精神のごとく無礙《むげ》自由なるはない。これすなはち神ながらの大道である。かくのごとき人こそ命《みこと》であり、尊《みこと》である。さればとて諸教に漫然と遊ぶことはいけない。それは人を雑駁軽薄にする。道を歩むにも自家門前の通路より出かけねばならぬやうに、縁のあるところから始めるほかはない。さすればおのづから大道に通ずる。その場合何らかの宗派をもって称せられることはやむをえない。それは縁であり、命である。我々は縁に随ひ、命に自《よ》って、人となり、東洋人となり、日本人となり、誰某となってゐるのである。その性命縁故は粋然として發揮せねばならぬが、それをもって造化を凝滞し、天地を狭隘にすべきではない。専門的愚昧・党派的猜嫉《さいしつ》を戒めて、円明通達せねばならぬ。

青年は小成を懼《おそ》れ、老者は固陋《ころう》を耻ぢねばならぬ。まして得々として我見を誇り、他人をみればこれを凌ぎ、これを排して、應對《おうたい》辞色常を失ふなどは、孟子のいはゆる訑《い》々たる聲《せい》音顔色・人を千里の外に拒むもので、學人の最も耻づべきことである。王陽明が親戚の石川のために書いて與《あた》へたものゝ中にも、今學者、道に於て管中より天を窺ふが如し。少しく所見あれば即ち自ら足り自ら是とし、傲然之に居って疑はず。人と言論すれば、其の辞の終るを

待たずして、而て已《すで》に先づ輕忽《けいこつ》非笑の意を懐く。訑《い》々たる声音顔色人を千里の外に拒む。有道者傍より之を視れば方《まさ》に之が為に竦《しょう》息汗顔容るる所無きが如きを知らず、而も彼れ悍然顧みず。略《ほぼ》省覚するなし。斯れ亦悲しむべきのみと戒めてゐる。

學問をすると人間がけちになるとか、悪くなるとかいふことは、古來識者が常に警告してゐることである。女ばかりではない。男もさうである。

三　学問の目的

學は己の為にす。
己を為《おさ》むるは安心立命を旨とす。
志は經世濟民に存す。
志を遂ぐるは學に依る。
學に依って徳を成し材を逹す。
成徳達材を立命とす。

論語に古の學者は己の為にし、今の學者は人の為にす（憲問）といってゐる。「これ一種の利己主義ではないか。我々はよろしく、家のために、郷土のために、國家のために、人類のために學ばねばならぬ。」といふものがある。それは志である。志が大きければ大きいほど自己を役立てねばならぬ。自己を役立てるには、自己の徳を大成し、自己の材能を磨錬するに如《し》くはない。それは學の本義である。學はあくまでも己の為にするにある。その己は名利の己とは違ふ。純粋自己である。程子は明らかにこれを説いてゐる、古の學者は己の為にす。その終は物を成すに至る。今の學者は人の為にす。その終は己を喪ふに至ると。人のために働いて己を喪ふは立派な行為ではないかと考へる者があるかも知れない。そんなことを「己を喪ふ」といふのではない。己を喪ふとは見識も信念も節操も何もかもなくすることをいふのである。道徳や宗教や國家や人類を議論することは何でもないが、日常茶飯のことも円滑に行へぬが人間の常である。隣近所は愚か、家庭内の妻子とさへうまく治まらず、一寸《ちよつと》したことにもとりみだすやうな人間であって、人生を論じ、國家を治めて何になるか。

子路が君子たることを問うたとき、孔子は己を修めて以て敬《つつし》むと告げた。それだけのことですかと子路は甚だ物たりなかったやうであるが、それを察したのであらう、孔子は更に、

己を修めて以て人を安んずと答へた。それでもまだ満足できなかった子路は、またそれだけですかと念を押したら、このたびは己を修めて以て百姓を安んずとのことであった。子路はさうでなけりゃと思ったであらう。しかし孔子はすかさず、己を修めて以て百姓を安んずるは堯舜も其れ猶《な》ほ諸《これ》を病めり（憲問）と警めた。

功業のやうなものに捕へられてみれば、己を修めて以て敬むといふやうなことはけちなことのやうに思へよう。しかるに實際人生はその己の喜怒哀楽にほかならないのである。喜怒哀楽をあさましくすれば、家庭も隣保も國交もみな破壊してしまふ。さすがに王陽明は烱眼《けいがん》にこれを道破して、天下の事萬變と雖《いえど》も、吾が之に應ずる所以《ゆえん》は喜怒哀楽の四者を出でず。此れ學を為すの要にして、而て政を為すも亦其の中に在り（与王純甫書）と教へてゐる。この意味において學は人を安んずとか、百姓を安んずといふやうな積極的意義よりも、窮して困らず、憂へて意衰へず、禍福終始を知って惑はぬ為とする荀子《じゅんし》の説（宥坐）の親切なことを味はゝねばならぬ。しかしそれだけでは安心の域にとどまって真の立命ではない。學は更に命を立てねば、「己の為にす。己を為《な》さむ。」とはいへない。さういふ命とは、己が天禀の性質才能やその状態變化をいふのである。それを究めれば、溪谷の水が電氣と化して、國家の産

業や軍備を動かすことにもなるやうに、「為己」がいかなる「成物」になるかも知れぬ。これ正しい立命の解釈である。己の為にする學の本義を知らぬ者は、折角仁を好むも愚となり、知を好むも蕩（でたらめ）となり、信を好むも賊となり、直を好むも絞（息づまり）となり、勇を好むも亂となり、剛を好むも狂となると孔子も子路に教へてゐる。（陽貨）

四 學問の要訣

如何《いか》に學ぶか。
明師良友を求む。
讀書尚友を樂しむ。
現實を逃避せず、現在の境地に即して勇敢に進む—素行自得。

現實の生活から離れて静坐冥想したり、世俗の人々を卑しんで離群索居することを、學問修養の常態と解する者が少くない。大いなる誤である。それは決して常態ではなく變態で、出家成道や羽化登仙を浅薄に解してはならない。釋迦《しやか》は人間の苦悶に徹して衆生の濟度に身

を投じた人であり、老子も春秋亂世に際會した最も深刻な眞理の覺者である。人はあくまでも人に徹し、現實を直視して、これを浄化向上するほかはない。これは日本において最も純高に體現《たいげん》せられてゐる道である。

意氣地なく、或ひは卑怯に、現實を逃避しないで、正直に、着實に、勇敢に、現在の境地に立脚して勇往邁進してゆくことを「素行」といふ。（中庸）素行してはじめて人間は自己を把握することができる。これ「自得」である。（同前）現実を曖昧にした生活は妄想に過ぎぬ。とりとめのない感傷的氣分や観念の遊戯に過ぎぬ明け暮れはいたづらに自己を散漫にして、いはゆる「己を喪ふ」に終ってしまふ。しかるに人間はとかく労を避けて逸に就きやすいやうに、學問も獨りでは往々さういふ邪路に陥りやすい。そのためにも欲しいものは明師良友である。明師良友は得がたくとも、古人を友とし（尚友）、古典を繙くことによって、或ひはより以上の感化を蒙ることができる。多感多情のニーチェがショーペンハウエルに傾倒して述懐した通り、そはちょうど高山の森林に這入《はい》るやうに、我らは深く呼吸し、また健やかに蘇り、周囲に踔厲《たくれい》の氣を覺えるものである。

不肖みづから顧みても、とにもかくにもどうやらこゝまで生きてこられたのは、これ全く

讀書尚友のお蔭であると思ふ。中學時代全我を動かしたものは、祖先忠戦の地四條畷に育ったゆゑもあらう、太平記と楠公とその遺蹟の山河とであった。高等學校から大學へかけては最も困學した時代であるが、そのころ不肖の人格に不忘の感化を與へたものは、プルターク英雄傳・史記・通鑑《つがん》・蘇東坡・白樂天・耶律楚材・陸象山・王陽明・曾國藩・道元・熊澤蕃《ばん》山《ざん》・山鹿《やまが》素行等であった。殊《こと》に資治《しじ》通鑑《つがん》と、東坡・樂天の詩集と、王陽明全集と道元の正法眼蔵と、蕃山の集義和書・外書とは不肖を發狂や自殺から救ってくれたやうに思ふ。これらは今もなほ十年一日のごとき心交である。セネカや、モンテーヌ随筆集、アミエルの日記等もどれだけ不肖の心田を潅漑してくれたことであらう。これらによって不肖は無限に人生と自然とを味ひ樂しむことができる。このまゝ天下國家のお役に立たなくなっても、もはや不肖は恬然《てんぜん》として身を終へることもできる。中庸に君子時中といふことを論じてゐるが、我々は生けるかぎり、時々刻々自己を變易化育してゆかねばならぬと思ふ。副島蒼海の中庸を詠じた歌にいふ。

あやにあやにかしこくもあるか天地の御稜威のなかに立ちたるわれは

(昭和十六年十月)

学問の真諦

學問も今改めて根本的に反省されようとしてゐる。そも〳〵學問とは何であるか。これを案外いはゆる学者ほど誤解してゐる者が多かった。學問は畢竟智識であるには相違ない。ただしその智識は猿のものでもなければ、鳥のものでもない、人間のものである。その人間もこれを単なる肉體性・衝動性・感情・知性などの程度にとどめて観察すれば、確かに動物の一種に過ぎない。黒猩々《しようじよう》と本質的区別もなからう。特に言語文學といふやうな記号を用ひ、道具を使ひ、頭脳が甚しく複雑になっただけのものともいへるであらう。しかし人間は幸か不幸かそんないはゆる胴慾な者 Triebwesen でもなければ、機械人 Homo faber でもない。本能や、記憶、聯《れん》想、判断などよりはるかにすぐれた高邁な精神・理性・人格と称するものを具へてゐる。随《したが》って智力にも、要するに動物を出でぬ形《けい》役《えき》的智もあれば、精神を陶冶し、内外の世界を啓く創造的智・明徳智もあり、有限的・世間的な人格を救済し解脱させて、無限の

神聖に参ぜしめる悟道的智・日新智もある。*

＊これらの点に関してはマックス・シェーラーが、その名著・智識の諸形態と社會や哲學的人間學に説いてゐるところの Arbeitswissen, Bildungswissen, Erloezungswissen（Heilswissen）の考へ方を専ら引用した。智に關しては新訳華厳経大智度論をはじめとして、佛典に数多の深説がある。

智が深くなればなるほど、それは人間独得の高貴な感情・情操・理想と離れるものではない。西洋の philosophy といふ言葉も本來希臘《ギリシア》語の philos（愛）と sophia（智）とより成り立ってゐる愛智の義であることは周知のことである。ソクラテスは自分と當時の詭辯家とを區別して、自分は智者ではない。ただ智を愛する者だとした。流俗の生活に泥《なず》んでゐて、どうして眞智が開けようか。生命の躍動・開眼・獨歩のいはゆる驚きたい願ひこそ學問の根柢である。稀有の哲人である三浦梅園も、生れて智なき始めより只見なれ聞きなれ触れなれ、何となしに癖つきて、是が己が泥みとなり、物を怪しみいぶかる心萠《きざ》さず候。泥みとは所執の念にして、佛氏にいはゆる習氣にて候。習氣とれ申さざる間は何ら心のはたらき出來らず候（多賀墨卿に与ふる書）といってゐる。この習氣のとれた眞實の心のはたらきがやがて梅園い

はゆる「天地をくるめた一大疑團《だん》」となり、それが能く自己を救ひ、物を開き、國を興し、世を經める偉大な學問となるのである。

しかるに全く人は幼少より見なれ聞きなれ触れなれ、何となしに癖がついて、案外眞實に心のはたらかぬものである。創造的に思考せぬものである。呼吸や飲食は早くから自然にみづからするが、思考はなか〳〵みづからしえない。精神の一特徴は内分泌のようにみづから思考するにある。故に一切の判断が自己直接でなければならぬ。他からの假物であってはならぬ。もし假りてきたやうにみえても、それは他における自己の發見でなければならぬ。しかるにそれが習氣の泥みのためになか〳〵できなくて、自己精神の無為と空虚とを常に外物に假りて偽装しようとする。それを往々學問と称するのである。

さういふ學問は讀書と聴講とを二つの大きな方法とする。ところが讀書や聴講は本來の思考と非常に異なるものであって、本来の思考は精神の自主自律的活動發展であるが、前者は多くの場合人々の精神とは縁遠い、或ひは没交渉な異質者の混入である。それは必然に精神の自活力・創造力を障凝《しょうがい》し、はては全くその自主性を奪って奴隷化し機械化してしまふ。學者馬鹿に似たりとか、先生といはれるほどの馬鹿でないとか、我れ汝らほど書を讀《よ》まず。か

るがゆゑに汝らほど愚ならずといふやうな俗諺は決して単なる笑柄ではない。學問的良心ある者には畏るべき警語である。ショーペンハウエルも、みづから思考することについてや、讀書と書籍などの諸論文において、しきりに讀書が自己の思考の代用物に過ぎないこと、自己の頭脳の代りに他人の頭脳をもって考へることにほかならないことを力説してゐる。

「我々が讀んでゐるときには他の人が我々の代りに考へてゐるのである。我々は単にこの人の心的過程を踏襲するに過ぎない。それはちょうど習字の際に生徒が教師のつけた線をその筆でたどってゆくのと同様である。したがって讀書に當っては思考作用の大部分が我々から取り去られる。故に我々はみづから行ふ思考作用から讀書に移るとき、負担の軽くなったことを明らかに意識する。しかし本當《ほんとう》いへば、讀書してゐる間、我々の頭脳は我々自身の活舞台ではない、他人の思想の寄席である。それで多讀して、ほとんど終日をこれに費し、その合間にぼんやり暇を潰して休養するやうな人は自ら考へる能力を漸次喪失するもので、たとへば常に馬に騎る人は終には歩くことを忘れるやうなものである。かういふことは、しかしながら實に多くの學者たちの間に見受けられることで、彼らは讀書によって自己を愚昧にしたのである。不断の讀書、暇があれば直にはじめられる讀書は不断の手工よりもっとひど

く精神を不具にする。手工作業の場合は人はまだ自己の思索に耽ることができるからである。撥條《ばね》が他物の壓力《あつ》を絶えず受けてゐると、結局その弾力を失ふのと同様、精神もまた他人の思想の壓力を始終受けてゐると、その弾力を喪失してしまふ。あまり多くの榮養物をとると胃が悪くなり、全身を害ふと同様、あまり多くの精神的食物によっても、精神は過度に満たされて窒息させられる。それでは沈思深省の境地に達することができない。しかるに人は沈思深省することによってのみ、讀んだものを消化することができるのである。紙上に書かれた思想は総じて砂上の足跡のやうなもので、人はそれによって行者のとった道筋を知ることはできても、行者が道々目撃したものがどんなものかは、やはり自分の目を用ひねばならぬ。」

實際消化機能を無視して過食すれば、胃酸過多・胃潰瘍を免れぬやうに、自主的思考力を無視した讀書や聴講はいはゞ脳酸過多、脳潰瘍を惹起し、ひどくなると人格破滅にまで至るものである。よほど相手を吟味し、自己の能力を反省してかからねばならない。

イデオロギーの弊害は近代西洋でも識者の顰蹙《ひんしゅく》するところであるが、支那でも夙《つと》に多くの賢者によって警められてゐる。

明道先生曰く、道の明らかならざるは異端之を害すればなり。昔の害は近くして知り易し。今の害は深くして辨じ難し。昔の人を惑はすや、其の迷暗に乗ず。今の人に入るや、其の高明に因《よ》る。自ら之を神を窮め化を知ると謂ひて而も以て物を開き務を成すに足らず。言は周遍ならざるなしと為して實は則ち倫理に外る。深を窮め微を極めて而も堯舜の道に入るべからず。天下の學浅陋固滞に非ざれば則ち必ず此に入る。道の明らかならざるよりして邪誕妖妄の説競ひ起り、生民の耳目を塗り、天下を汚濁に溺れしむ。高才明智と雖も、見聞に膠し、酔生夢死して自覺せざるなり。是れ皆正路の蓁蕪《しんぶ》、聖門の蔽塞《へいそく》、之を闢《ひら》いて而て後以て道に入るべし。（二程全書、小学）誠に切當の言である。

朱子もまたいふ、孟子言はく、學問の道は惟《た》だ其の放心を求むるに在りと。而て程子も亦言はく、心は腔子裏に在るを要すと。今一向に文字に耽着し、此の心の全體をして都《すべ》て冊子上に奔在せしめ、更に己有るを知らずんば、便《すなわ》ち是れ箇の知覺無く、痛癢《つうよう》を知らざるの人なり。書を讀むと雖も亦何ぞ吾が事に益あらんや。（文集、與呂子約書）

王陽明の詩（示諸生）中にも端的にかう道破してゐる。

但致良知成徳業　ただ良知を致せば徳業を成すに
謾従故紙費精神　みだりに故紙によって精神を費す
乾坤是易原非畫　乾坤是れ易もと畫《が》に非ず
心性何形得有塵　心性何の形ぞ塵あるを得ん

こゝにまた學者の蒙を啓く痛切な逸話がある。香厳智閑禪師がかつて大潙《き》大圓《えん》禪師の會下に學道してゐたとき、或る日大圓禪師は智閑にいった、お前は頭が好くて物識り（聰明博解）だが、そんなに書いたものゝ中から覺えて持って来ないで、父母未生以前にあたって、わがために一句を道《い》うてみよ。香厳は何とか答へようといろ〳〵にやってみたが、どうもできない。はじめてつく〴〵と自分がなさけなくなって、年来所蔵の書籍をあれこれ探ってみたが、やはり茫然として摑《つか》みどころがない。遂に年来蒐集したそれらの書籍を焚いてしまって曰《いわ》く、画にかいた餅は飢ゑをふさぐに足らぬ。もはやこの生に佛法とは何ぞやといふやうなことを解釋しようとは望むまい。たゞ雲水の炊事給仕の係り（行粥飯僧）にでもならうと、さうして年月を過してゐた。かくして或る時大潙に申した、智閑は身心昏昧で道がつかめま

せん。どうか和尚教へて下さい。しかるに大潙はいった。お前に教へてやるのはいいが、恐らく後でお前はわしを怨むであらう。しかたがなくて、また年月を經るうち、大證國師の跡を尋ねて武當山に入り、國師の庵のあとに草を結んで住まひ、竹を植ゑて友としてゐた。あるとき道路を掃除した際、箒の先で刎《は》ねられた瓦がふっ飛んで竹にあたりカチンといふその音をきいた拍子に豁然《かつぜん》大悟した。彼は沐浴し潔斎して、大潙山に向って焼香礼拝して大潙に向って申した。大潙大和尚、昔わが為に解説せられてゐれば、どうして今このことがありませう。恩の深いことは父母よりもすぐれたありがたいことであります。そして偈《げ》を作った。一撃亡所知。更不自修治。動容揚古路。不堕悄然機。處々無蹤跡。聲色外威儀。諸方達道者。咸言上々機。この偈を大潙に呈した。大潙曰く、此の子徹せり。(道元、正法眼蔵溪聲山色)

聰明博解、頭がよくて物識りといふことは知識人にとって最も望ましいことであるが、前述のやうにそこが最も警戒を要する点で、それを師は真向から直撃したのである。「章疏の中より記持せず、父母未生以前にあたりて、わがために一句を道取し来るべし。」の一句である。長々と論理に移した他人の思惟の糟粕なんど問題ではない。汝における絶對者、創造者、本来の汝自身を端的直下に呈示せよといふ一拶は、聰明博解とともに未だ性命の眞を失

ってはゐなかった弟子の香厳にとって實に晴天の霹靂《へきれき》、通身徹骨の衝撃であった。次第に實践的証悟から離れて、他人の思惟の追蹤に慣れ、空虚な観念論のうちに真に創造的な自己を失却しながら、佛教とは何ぞやと追ひ求めてゐた従前の學道が、正しく饑ゑをふさがうとして画餅に向ってゐたにひとしいことがつく〴〵感悟せられるとともに、彼は思ひきって惜しい蔵書の支配と絶縁して、はじめて自由な自己に還った。さうして聰明博解といふ誇らしい自己が實は何も分ってゐないことを発見して悲しんだ。智識人の大病根である驕慢から救はれただけでもいかに幸福なことであらう。しかしながら真の性命・理性・人格に固有の謙虚を回復したものゝ、なほ未だ創造的真我を確乎として把握するに至らずして、彼はまた師の教に依らうとした。たとへそれは従前の概念的思惟のやうな形式的なものではなく、根本的性命に還って、深い真我の要請から出直したものであるとはいへ、それでは依然として自律的自我に徹せずして他の権威に依存しようとするものである。その精神の苦闘を憐んで一時救ひの手をさしのべることは、大丈夫獨立獨往できるこの獅子兒に對して、かへって恩が仇とならう。この境涯は断じて弱者の道徳を容すべきではない。「われなんぢがためにいはんことを辞せず。おそらくはのちになんぢわれをうらみん。」何といふ莊厳な言葉であらう。

もしこれなどをニーチェが讀みえたなら、それこそどんなにか狂喜礼拝したことであらう。嚴師に突放され、再び絶對地を求めて、ますく聖胎を長養してをった香嚴は遂に大機到来して、一日豁然大悟した。梅園の言葉を転用すれば、「天地をくるめて」一大叡智を開いたのである。「此子徹也」の一句、實に尊い。この話は学問教育の最究竟的境地を傳《つた》ふるものといふことができる。

學問の本質は先づ自己が真の自己に還ることであり、真己を失って他の空しい思惟の蹤跡を踏襲することと異なる所以を明快に断じた、もう一つ肝銘すべき例を引かう。

若くしてその頭脳と才氣とに慢心して、しかも流石《さすが》に内心の不安動揺に苦しんでゐた白隠（当時の名は慧鶴）が、宗覺の縁によって信州飯山の正受老人に参じたとき、彼が所見を呈すると、老人は直ちにそれはお前の學得底だ、何が見得底（見性底）かと喝破した。それから始まって、彼は思索修道に「力戦」したが、終始「妄想情解《げ》」と罵倒せられ、煩悶懊悩の極、ほとんど死地に投ずるまでに至ってやうやく徹悟したのであった。（正受行録・白隠年譜等）學得底とは「學びたるところのもの」、つまり他からの借り物である。何が本當のお前のものか（見得底、見性底）。これこそ香嚴も愕然とした迷悟の一大関門であった。この場合真の創

造的自己より發するのではない、したがって生命のない他人の智識學説などをいくら弄んでも、畢竟それは苦しまぎれの自己瞞着《まんちゃく》に過ぎない。正しく「妄想情解」である。これを救って自己が能く真の自己に還り、造化に順って、日新の創造智・解脱智、深い直観的叡智を啓くとともに、はじめて能《よ》く己を成し物を開いてゆくことができるのである。

學は何者にも妨げられることのない真理の追求でなければならぬ。人間生活上の實践問題、個人や家庭や階級や國家の諸問題に拘《かか》はりのない純粋の理論性が學の本質であるといふ學に関する従来の思想は、決して實践を無視し、これを遊離して、単なる概念的・形式論理的智識體系を築くことではなくて、それこそ實践につきまとふ、人間生活上に免れがたい「妄想情解」に妨げられることなく、真に創造的な自己より発する生きた思考に由ることゝすれば、何の間違ひもない。數學のやうに、思惟の對象たる物の實質をぬきにした純抽象性のゆゑに實質科學に對して形式科学と称せられる學も、實は思惟の先験的な原理にしたがって對象の構成関係を闡明《せんめい》してゆくのであるから、真己と深い關係がある。そこで天文に通じようとか、射撃に達しようとか、物質の秘を究めようとか、何か純真に志すとき、たちまち數學はどうしてもやらねばならぬ理趣津々たる性命の學問と化する。その結果最も空なやう

な數學が新たな星の發見ともなれば、不沈を誇る敵艦の擊沈ともなるのである。東洋哲學で、宇宙人生の構成發展関係を規定する根本法則を數と称し、實践道徳哲學としての數學の存するるのも興味深いことである。

（昭和十九年三月）

死について

一

　山本元帥や山口中将・山崎大佐等を始めとして、最近武人の壮烈な戦死が頻々報道せられる。最早國民のどの家にも遠かれ近かれ縁者から戦死者を出してゐないものはあるまい。私も甥が陸海軍雙方に一人づつ都合二人西南太平洋に戦死した。その他最近親戚知己に事多く、今年になってから僅か半年の間に病死を弔ふこと十八に達してゐる。先日も母の二十三回忌に合せて、二人の甥や特に親しかった人々のために法事をいとなみ、佛殿に静坐して寺僧の讀經《どきよう》に耳傾けながら、今更のやうに死といふ問題をまた考へた。死とは何ぞや、これを科學・哲學・宗教それ〴〵の立場から研究したものを追求すれば、それこそ汗牛充棟の書物とならう。これほど人間に真剣な問題はない。その一結論として、「未だ生を知らず、焉《なん》ぞ死を知らん」といふ孔子の子路に對する答に私はおのづから襟を端《ただ》すものである。さうして

「死とは何ぞや」の問題を「いかに死すべきか」の行動をもって解決した古人、特に我々の祖先に無限の敬意を覚える。西洋の詩人・哲學者などが詳しく日本人の死の研究を行ったならば、彼らはいかに驚嘆することであらう。武士道にかぎらず、およそ日本の國體・歴史・一切の文化は「死の覺悟」の上に成立ってゐるといっても過言ではない。

二

辭《じ》世とか、遺言とかいふものは、私は元来あまり好かぬ。この方面でも禪僧に昔から一番奇抜なのが多く、世間も禪といへばさういふことを期待しがちである。そんなものではない。日本禪の真師家・盤珪も重態の砌《みぎり》、門人から遺偈を乞はれて、老僧住世七十二年、度生十四年、平生汝らに示し来りし底のもの老僧の遺偈なり。今や諸方にならって、死に臨んで四款を供せんや（死にがけに私はこの通りと心の中をさし出すまでもない。）といってゐる。花屋日記に誌してゐる芭蕉臨終の境地も盤珪と符節を合するやうである。

支考乙州等去来に何か囁《ささや》きければ、去来心得て、病床の機嫌をはからひ申していふ、古来

より高名の宗師多く大期に辞世あり。さばかりの名匠の辞世はなかりしやと世にいふ者もあるべし。あはれ一句を残したまはゞ、諸門人の望足りぬべし。師のいふ、きのふの發句《ほっく》は今日の辭世、けふの發句は明日の辭世、われ生涯いひすてし句々一句として辭世ならざるはなし。若《も》しわが辭世は如何にと問ふ人あらば、この年頃いひすて置きし句、いづれなりとも辭世なりと申したまはれかし。諸法従本来。常示寂滅相、これは是れ釋尊の辭世にして、一代の佛教此の二句より外はなし。古池や蛙飛びこむ水の音、此の句にわが一風を興せしより初めて辭世なり。その後百千の句を吐くに此の意ならざるはなし。こゝを以て句々辞世ならざるはなしと申しはべるなり。

氣障《きざ》な辭世を平生から用意しておくなどは實につまらぬ見榮である。それよりも品のよい未練の語を遺す方がまだ好ましい。

隣室に書讀む子らの聲きけば心に沁みて生きたかりけり（島木赤彦）

など、その真率にうたれて、氣品もゆたかである。

父君よ今朝はいかにと手をつきて問ふ子を見れば死なれざりけり（落合直文）

も惻々として人に迫るものがあるが、かうなると執着が露骨で、余裕がない。やはり死に臨んでの未練にも、一点自己には執せぬところがなければならぬ。

明治の薄倖な國文学者・鹽《しお》井《い》雨江が病牀に詠んだ歌—

死なれじな老います母の明日の世を弱き妻子にうちまかせつゝ

迷ふとは君言ひますな親ありて妻子ありての此の死ならずや

などは、此の故に感動が深い。しかしいかにも文人らしく弱い。同じやうな死の未練も、關ケ原の勇将本多忠勝の辞世に、

死にともな　あら死にともな　死にともな　君の御恩の深き思へば

とあるのは豪傑武士の単純素朴な面影が躍動して、いかなる悟った辭世よりも閻魔《えんま》が先づ感激しさうである。これは境遇がよかったのだといふ抗議もあらう。しかしかういふことは必ずしも境遇によらぬ。境は境でも、やはり心境次第である。秀吉ほどの英雄が死にがけには甚だ取乱して、重病の牀に筆を執った遺書に、

秀頼のこと成立候様にこの書附候衆しん頼み申候。何事も此外には思ひ残すことなく候。かしく。返す〲も秀頼のこと頼み申候。五人の衆頼み頼上候。名残惜しく候。

などとあるのはそれこそ未練ではないか。家康の存在などを思へば、秀吉晩年の境遇は悪かったと同情できぬこともないが、それならば孔明の主人劉備はどうか。彼は愚息劉禪を長期戦の最中に残して崩ずるのに、臣孔明に對して卿の才は曹丕《ひ》（敵國君主）に十倍してゐる。我が子もし輔《たす》けることができれば輔けてやってくれ。もし輔けるに足らなければ、卿みづから

これを取れと遺言してゐる。英雄らしい心境ではないか。

太閤といへば、曾呂利新左衛門の最期の様が雲霞綺談といふ書に、

　此者死期に病氣尋問として上使を立てらる。其宅に入りたまふといへども應諾せず、臥しながら合掌して曰く、大病にして落命旦夕にあり。片便宜には候へども、冥土への御用あらば仰付候やうに仰上げられ下され候といひて相果てたり。今端《いまは》のとき迄輕口を申したりと秀吉公落涙ありとなり。

とあるさうであるが、人柄とふさはしく、さらに厭味がない。明治の生佛と称される浄土宗の行誡上人の最後に、

　閻浮提大日本國　行誡　八十三歳

右老病臨終の趣につき点検申し候処、御本願相應の人と断定候につき、御都合次第御来迎の御用意然《しか》るべく候。此段宜しく執奏これあるべく候也。

閻魔王府

西方世界

二十五菩薩御廳

といふやうな戯筆が残ってゐるさうであるが、私はむしろなくもがなに思ふ。正岡子規も墨汁一滴に、

一、人間一匹

右返上申候。但《ただし》時々幽霊となって出られ得る様、以特別御取計可被下候也。

明治三十四年　月　日　何がし

地水火風御中

と病牀戯筆をものしてゐるが、行誡のとは比較にならぬ。要するに死は人間の最後の、そして最も真實なものであるから、遺言遺書絶筆の類も、やはり真面目で、人をおのづから感動

せしめ、冥想させるやうなものが本格で、奇抜や灑落《しやらく》なものなどは破格とせねばならぬ。そして破格はいつの場合も決してみだりに好むべきではない。ただ死といふやうな陰氣な堪へがたいものを洒脱化することは殆んど日本人獨得の境致で、外道じみないかぎり何といっても好ましいものである。

生きてゐるうちは何かと神佛ひじりもいかい世話でござった（鶴賀若狭掾）

何だか先に生れた、否先に死んだ輩がみな言ってしまった感がして、王陽明の臨終通り、此心光明亦復何言あたりが落着である。

教養ある至純の女性の最期には神々しいものが多い。世間の學藝など稱するものにすれからした男の愧死《きし》すべきものが多い。

里方に落ちよといふ情ある夫の最期の手紙に、

君に逢ひなれしは、はや七年に及べり。いかで君におくれまつりて一日片時も命いきて

あるべきかは。夫婦は二世の契りなれば、同じ道にともなひ参り、ひとつ蓮の縁を遂ぐべし。冥土の御供許し給へ。

と返書して、節に殉じた武田勝頼の妻や、

過ぎぬる秋の末よりあひそめまゐらせ、此世のちの世かはらじの契り、今更忘れ申すべしや。火に入るも水に入るも前の世のむくいなり。其の上弓矢とる家にうまれたらむもの、かゝることあるべしとは豫《かね》て思ひまうくるまじきかは。ねがはくばこゝにて君と共に同じ道におもむき、かはらぬ契を後の世までに結ぶべし。

と夫柴田勝家に殉じた信長の妹小谷の方のかゝる心操などは、男子の深省すべき女性獨造の心境である。

非常の境に臨んでの壮烈な最期は男子にとって必ずしも至難のことではない。むしろ難事は尋常の振舞にある。真の修養は尋常のうちになければならぬ。死も尋常の死がかへって難

しいのである。

三

死に方にもいろいろある。普通のやうに臥て死ぬのから、坐脱立亡といって、坐って死ぬ、或ひは立って死ぬ、中には誰もやったことのない死にかたを調べて、逆立ちして死んだといふ奇抜なのもあるが、（唐の五臺山・隠峯）慈雲尊者の言の通り、やはり俺がのは横になるのが樂であらう。火定《じょう》といって、生きながら火に入って死ぬ方法もある。織田信長の焼打に逢った快川國師のごとき、安禪何ぞ必ずしも山水を須《もち》ひん。心頭を滅却すれば火も亦《また》涼しと偈を拈《ねん》じて自若として焼死したのはやむをえざるに出づるものであるが、中には武田信玄の曽孫為久の女ふさ子、後了然或ひは元聰と称した尼などはみづから火定に入って平然たるものであったといふ。しかしさういふことも常道ではない。尼のいった通り、生《なま》道人の関知するところではないのである。

不良旗本の頭領・水野十郎左衛門が母の生家松平阿波守に預けられて切腹を命ぜられたとき、松平家で武士の情に水野が日頃憧憬した貞宗の短刀を切腹に貸し與へたところが、彼は

非常に感激して、切腹の座に直ってその短刀を押戴き、巻いてある紙をほどいて篤《とく》と焼刄を検《あらた》め、かねて存ぜしよりも見事に候と感歎して我が膝に突立て、すっと五六寸引いて切れ味も殊勝のものに候と亦歎称し、悠然切腹して首打たしたといふ話など、いかにも心憎い振舞であるが、やはり一種の外道といふのほかはない。死は禮儀正しく安祥たるべきである。死に臨むとき自然も人生も忽然として無限の情趣を呈する。死に近づく——老いるといふことがすでにさうらしい。佐藤一齋が晩年、「余が家の小園他の雑卉《き》なし。唯だ石榴《ざくろ》・紫薇《さるすべり》・木犀の三樹有るのみ。然れども此の樹植うること四十年外にあり。朝昏相對し、主人と偕《とも》に老ゆ。夏秋の間・花頗る観るべし、以て心目を娯ましむるに足る。是れ老友なり。余が性草木に於ては嗜好較《やゝ》澹なり。然れども此の三樹眷愛特に厚し」と誌してゐるが、實に情趣のある文である。まして老友・老妻などいかに懐しいものであらう。うき世の月を見はてつるかなどは古来よく歌はれることであるが、さてその月も今宵かぎりと思へば、とても飽かぬ景色であらう。死んでゆく者にとって、この世界は何と美しいだらうと詩人シルレルも臨終に歎じた。これを平生の人世に回向しようとしたのが武士道の深味である。

今日あって明日を知らぬ身命をさへ覚悟仕候に於いては主君の御前へ罷出て御用承るも、親々の顔を見上ぐるも、是をかぎりと罷成事もやと存ずる心あひに相成候ゆゑ、主親へ真實の思ひ入れと罷ならずしてはかなはず候――武道初心集――

と大道寺友山も説いてゐる。

佛一代の説法も終に一字不説である。再び孔子の言を思ふ、「未だ生を知らず、焉ぞ死を知らん。」「未だ人に事《つか》ふる能はず、焉ぞ能く鬼に事へん。」實に深くして切実な教である。

（昭和十八年六月）

あとがき

このたび、私ども年来の宿願が叶って、安岡正篤先生の高著を、わが黎明書房から刊行させて戴くやうになったことは、私として衷心より感激に堪へないところである。

回想すれば昭和二年の早春、私は学校の帰途、鶴舞公園前の日進堂書店に立寄って、ふと取りあげた雑誌の中に、安岡先生の『教学の堕落』といふ論文を発見した。思はず吸ひつけられるやうに、これを一読した私は、教育の功利主義的堕落を歎き、教育の本質は理想的情熱の長養にありとせられる先生の論旨に渾身的感動を覚えた。先生との道縁は実にこのときに結ばれた。私はそのとき初めて魂の師父・安岡先生に邂逅することができたのである。それから間もなく、先生最も若き日の御作品―『支那思想及人物講話』・『王陽明研究』・『日本精神の研究』などが、私の不断の熱読書となり、愛蔵書となった。私の魂は先生の生命を通じて、いつしか高貴な東洋的アイディアリズムの世界に癒着せられるにいたったのである。

しかしその当時において、安岡先生の著作を、やがてこの私が出版することにならうと、誰

が夢想だになしえたであらうか。學校を出て教職に就いた私は、國破れて出版者となった。身世ともに転変、しかしそれを貫いて渝らざるものは先生への切々たる乳慕の情であった。私はこれを思うて、静夜ひそかに感涙なきをえない。

今春のある日のこと、東京の林繁之氏が三重県出張の途次、飄然として私を訪ねられた。氏は平素、安岡先生の側近にあって事務局を主宰してゐる人である。互に道を論じ世を談じてゐるうちに、林氏はふと、しみじみとした調子で、「先生の青年時代からの随筆を集めて『続・童心残筆』とでもいふべきものを出版されては如何。」と提案された。書房かねての熱望を熟知せられる故の老婆親切であったと思はれる。私は響きの聲に應ずるがごとく、直ちにこの発意に共鳴し、賛同した。本書は実に当地（名古屋）におけるこのやうな清談を契機として企画せられたものであるが、爾後は専ら、次長の任にある山口兄が、林氏の意を体し、私との接触を密にしながら、心を盡してこれが推進に力を致されたのであった。私はこの機会に、林氏の創意と山口兄の挺身に対して、心からなる謝意を表したい。

「孟敏・甑《こしき》を荷なうて地に堕す。顧みずして去る。郭林宗見てその意を問ふ。對へて曰く甑已に破る。之を観るも何の益かあらん。」(『後漢書・郭林宗傳』)――これは安岡先生のお好きな逸話と承ってゐる。現に先生は近作の『宇治靖国寺信宿』の中にこれを引いて、「回看・半生・堕甑《だそう》に同じ」、と喝破してをられる。「自分の半生を回想すると、落ち壊れた炊器(せいろう)のやうなもので、何の執着にも値しない。」との心境であらう。この意味からすれば、凡そ本書編纂のごときは、先生の深意にそむく心なき業といふべきかも知れない。況んや先生御自身が「甘い」と評せられる初期の作品までも、強ひてお願ひしてこれに収録したといふにいたっては、その罪や更に重しといはなければならない。しかし私どもが敢てこの挙に及んだについては、實はそこばくの厳粛な理由が存するのである。

すなはち、今日、先生を敬愛する有識者は世に少しとしないが、今日の先生を知る人々はさかのぼって壮年時代の先生を、更にさかのぼっては青年時代の先生を知りたいと希ふであらう。それは要するに流動―生成の相において先生の魂を掴み、翻ってはそれらの底を貫流する不易の血脈に参ぜむとするものである。のみならず先生最も若き日の燃ゆるやうな情熱的生命も、それ自体として永遠の魅力たるを失はぬであらう。ここにおいて必ずしも作品の

早晩を問はざるはもちろん、咳唾なほ捨てがたしとなす人々あるもまた当然といふべく、それこそむしろ人間的敬愛関係の本然でなければならない。私どもが敢て本書を世に送らうと發願した所以である。若し本書が敬愛する読者諸賢の座右を荘厳《しょうごん》して、青燈のもと、千古の心に参ずるのよすがともなりうるならば、法悦《よろこび》これに如《し》くものはない。

（昭和三十六年秋―力富阡藏―黎明書房前社長―謹記）

著者紹介

安岡正篤

東洋政治哲学、人物学の権威。
明治31年、大阪市に生まれる。
大正11年、東京帝国大学法学部政治学科を卒業。
昭和２年、金雞学院、同６年に日本農士学校を設立し、
東洋思想の研究と後進の育成に力を注ぐ。
昭和24年、全国同志の輿望に応え全国師友協会を設立。
政財界指導層の啓発・教化に努める。
昭和58年12月、逝去。

〔主著〕
『支那思想及び人物講話』（大正10年）
『王陽明研究』（大正11年）
『日本精神の研究』（大正13年）
『老荘思想』（昭和21年）
『東洋的志学』（昭和36年、後『東洋の心』と改題）
『天地有情』（昭和63年）
『身心の学』（平成２年、普及版・平成11年）

〔講義・講演録〕
『活眼活学』（昭和60年）
『運命を開く』（昭和61年）
『三国志と人間学』（昭和62年）
『人間の生き方』（平成５年、普及版・平成12年）

東洋《とうよう》の心《こころ》（普及版）

著　者　安《やす》　岡《おか》　正《まさ》　篤《ひろ》
発行者　武　馬　久仁裕
印　刷　舟橋印刷株式会社
製　本　株式会社渋谷文泉閣

発　行　所　株式会社　黎《れい》　明《めい》　書《しょ》　房《ぼう》

〒460-0002 名古屋市中区丸の内3-6-27 EBSビル
☎052-962-3045　FAX052-951-9065　振替・00880-1-59001
〒101-0051 東京連絡所・千代田区神田神保町1-32-2
南部ビル302号　☎03-3268-3470

落丁本・乱丁本はお取替します　ISBN4-654-07023-0

001001

金雞学院刊行『光明蔵』巻頭写真より

若き日の著者(三十四歳頃)

安岡正篤、若き日のエッセイ・評論

東洋の心

安岡正篤著

黎明書房